肖培东 / 著

教育的美好姿态

The Beauty of Education

中国人民大学出版社
· 北京 ·

图书在版编目（CIP）数据

教育的美好姿态／肖培东著. —北京：中国人民大学出版社，2017.12
ISBN 978－7－300－25196－7

Ⅰ.①教… Ⅱ.①肖… Ⅲ.①教育—随笔—中国—文集 Ⅳ.①G52-53

中国版本图书馆CIP数据核字（2017）第300484号

教育的美好姿态
肖培东　著
Jiaoyu de Meihao Zitai

出版发行	中国人民大学出版社		
社　　址	北京中关村大街31号	邮政编码	100080
电　　话	010－62511242（总编室）		010－62511770（质管部）
	010－82501766（邮购部）		010－62514148（门市部）
	010－62515195（发行公司）		010－62515275（盗版举报）
网　　址	http://www.crup.com.cn		
经　　销	新华书店		
印　　刷	北京华宇信诺印刷有限公司		
开　　本	720 mm × 1000 mm　1/16	版　　次	2017年12月第1版
印　　张	15　插页1	印　　次	2024年3月第8次印刷
字　　数	200 000	定　　价	49.80元

序言

和美好结伴而行

叶　君

与培东相识，一晃五年多了。

人与人的遇合，真是不可思议的缘分。我跟培东便是如此。他在网络上读到我的几篇文字，于是我们便天南海北地相识了。及至谋面，更是一见如故。我们同龄，培东是浙江省最年轻的中学语文特级教师，我亦曾在初中做过四年语文老师。我们都是20世纪80年代读的中学、90年代初上的大学，都热爱读书写作，都愿意跟学生在一起，等等，这些共同的背景让我们十分投契。培东冲淡谦和、恂恂儒雅，我却遇事比较急躁，培东言谈幽默有趣，常以妙语缓解。当今之世，人越来越无趣，相见能忘忧的朋友更是稀有，因而，我格外珍惜跟他在一起的时光。平时虽然天各一方，各自忙碌，仅偶尔互通音问，却宛如刚刚分开。非独跟我交往如此，培东的人缘极佳，每到一处都极受欢迎。培东那超卓的魅力何在？细想，不外乎他的真实与才华。

以假面示人，现如今几乎成了人际交往的常态。然而，无论在日常生活里，还是在课堂上，培东都显出他那无法掩饰的本色，有时甚至带着几分天真，如同一个孩子，激愤、开心、伤感无一不写在脸上。在真实已然成为稀有品质的今天，真实的培东自然散发着独特的魅力，吸引人与之亲近。不仅如此，他还把这份做人的真实用在教书上。毫无疑问，这也是培东的课堂独具魅力的原因所在。多年前，见他极力倡导“浅浅地教语文”，我就心生强烈的认同。我虽然离开语文课堂多年，但仍不时地关注中学语文教学的动态。而在大学中文系的课堂里，眼前的学生也让我看到了他们背后语文老师的模样。中小学语文老师的素养往往决定着一个孩子一生的文学品味和情怀，而等到大学课堂里再培养，已经为时晚矣。从眼前的学生身上，我分明看到，他们在中学语文课堂里，多半是机械地死记硬背、不善思考的；而与之相悖的是，近年语文课改的声音不绝于耳。过于看重课堂的教学形式，逼着老师把一堂堂日常的语文课上成了表演课。繁复、新奇的设计、导入，各种语不惊人死不休的解读，让我觉得这一切早已背离了语文教学的初衷。语言的魅力实在是在多读、多写、多思中慢慢品得的。上一堂貌似精彩的语文课不难做到，难的是一堂平淡无奇的课都能让学生有所收获。多年前，我在昆明听过培东的课，他是激情满怀而且心里始终装着学生的。在讲《皇帝的新装》的时候，他耐心启发，让学生说出各自心里的看法，且能顺着学生的思路谈下去，既行云流水，又跌宕曲折，让我大为叹服。课堂上的他自信满满，光彩照人。这一切都源于他那颗真实的语文心。他拒绝做教书匠，时时刻刻对语文有所思，赋予每堂课以无限可能，在启悟学生的同时，亦在启悟自己。

培东的自信、自然来自他那横溢的才华。他好读书、写作，口头、书面表达俱佳。要做好语文老师就不能停止阅读，这是最为浅显的道理，然而，真正能做到的人却并不多。现实中的诱惑太多，人们常常会为自己不阅读找到众多借口。只是，不阅读无疑是语文老师致命的缺憾。每到一处，培东都会向自己的同行强调读书的重要。所以，我想说，很大程度上是阅读将培东修炼成一个有追求、自信而才华横溢的人。

作为同龄人，我们拥有太多少年时代的共同记忆。我们读的是一样的课文，听的是一样的流行歌曲，感受到的是普通人家的子弟不得不面对的辛酸。读着本书中一些回忆往昔、追念亲人的文字，我于心戚戚，仿佛回到了自己的少年时光。乡村与城市，父辈与我们，彼此异域却又拥有共同的精神家园。疼痛的记忆在体内扎根，会呼吸，会生情，会怀旧，会遥望，写作的诚意自然而发，再远的时空我们都能读懂。培东的文字恬淡，情真意切，不事雕琢，却也不失华美。透过文字，可以看到他对日常人事细致的观察与深深的体悟。尤其他那回忆父亲的文字，数度令我眼底潮湿。好文字出自温热、柔和的内心，而只有心地柔软的人才能教好语文。

培东将自己数年来关于语文教学的所感、所思、所悟，还有教学过程的描述结为一集，付梓之际，我由衷地替他高兴。相信大家会通过这些美好的文字，触摸到一个优秀的语文老师那丰富的内心，感受到一种别样的情怀。我，则欣然站在遥远的北方，真诚地想象未来他更美好的教育姿态。

愿我们，都和这样的美好，结伴而行。

2017 年 10 月于哈尔滨

叶君：黑龙江大学文学院教授、博士生导师，中国作家协会会员，黑龙江省萧红研究会副会长、萧红文学奖获得者。

目录

CONTENTS

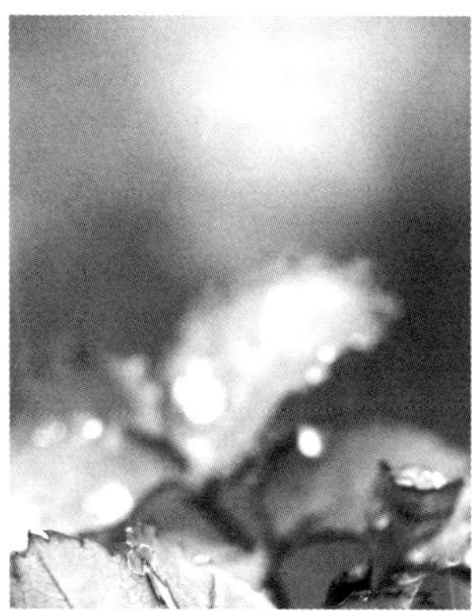

/第一辑/

教学，是彼此都要珍惜的缘分

/第二辑/

语文的表情与眼光

/第三辑/

没有难上的课，只有不悟的心

/第四辑/

教育的美好姿态

/第五辑/

世界，别与我争夺

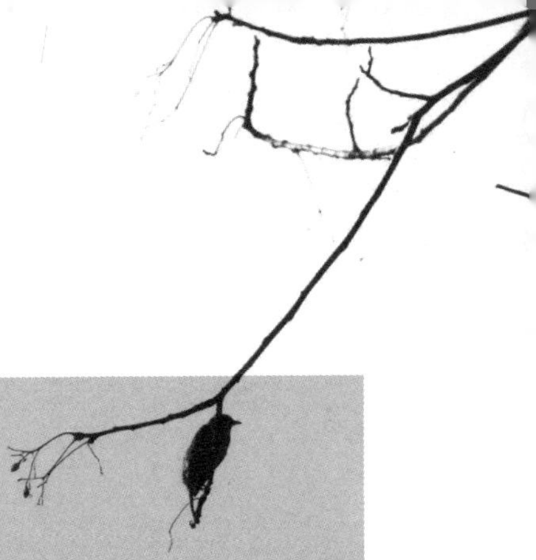

第一辑

教学，是彼此都要珍惜的缘分

1

你怎么样，你的课堂便怎么样。你，是你的课堂。

2

你是挺拔的，你的课堂就是正直的；你是端庄的，你的课堂就是高雅的；你深刻而有涵养，你的课堂就隽永悠远；你朴素又不失文艺，你的课堂就芬芳却不妖娆。爱语文，从爱自己开始。爱自己，就丰富、发展、超越自己。

3

课堂是你阅读状态的生动显示。干瘪空洞的内心，滋养不出有意蕴而高远的语文课堂。你读了什么，你的课堂就呈现什么；你读了多少，你的教学就承载多少。尴尬无力的教学背后，一定是你肤浅单薄的阅读。春天的大地上，留下了多少犁铧的印痕，秋风就会为你摇曳多少的歌唱。语文教学的起点，是你的阅读。

4

你读散文，唇齿间留下文字的芳香；你读诗歌，眼眸里写有飞扬的诗韵；你读小说，世界为你开了一扇窗；你读哲学，人生给你另一种思考。

然后，你走进课堂，站成了一棵树，散文的叶，诗歌的花，小说的根须，哲学的土壤。风一吹，所有树下的聆听都化成了文化的河流，睁开眼睛，寻找着最美的大海。

5

你是你的课堂，你是你的人生。你是你的，你的是你，教学和心灵一致，没有一种伪装能瞒过课堂上所有的眼睛。

6

别抱怨学生，课堂上所有的问题都源于你。

7

成功的课堂背后，一定跃动着一颗优秀的心。它哭泣，它伤痛，它犹豫，它煎熬，最终，它在反思中撕碎自己，塑成崭新的你。

8

低调谦逊的人，课堂淳朴又纯净；骄傲狂妄的人，教学张扬却无张力。高叫的乌鸦，总以为歌唱只比嗓门大。温存的小溪，灵动地流向大海，两岸的花草，都为它学会了歌唱。

9

教学，总是一种滋润。你，是否是那阵绵绵的细雨？

10

看着你的眼睛，我能读懂你对教育教学的忧虑。可是开启课堂教学大门的钥匙，还应该握在你的手里。

11

哪条路，哪道水，不关联语文？哪阵风，哪片云，没有呼应教学？我们走过的城市、山川，都化成了我们的生命。我们的生长，我们的忧愁，化成课堂上学生的生命。

12

心，丰盈而充实，课堂，就有纯粹而高贵的灵魂。母亲的目光布满整个天空，我们的目光布满整个课堂。

13

我摇摇晃晃地走进课堂，课堂摇摇晃晃地走向我们。站不稳大地的双脚，同样站不定课堂。

14

心静了下来，专注在阅读与思考中，潜藏在文字里的思想，总会不断地跳跃出来。你的课堂，也会如此素朴，远离空洞的喧嚣，远离浮躁的热闹，走向扎实和安静。孩子们的眼睛，清澈又智慧，透着阅读的幸福的光芒……

15

把讲课中你的所有孱弱和尴尬堆积起来，就是你性格和涵养的不足。把课堂上你的所有深刻和感动凝聚起来，就垫成了你人生的品位和阅读的实力。课堂如镜，实不我欺。

16

教学，最后是在寻找自己。

其实我们可以飞得更高

山水永嘉，飞翔语文，课本有限，语文无限。语文，是思想，是生活，是我们飞翔的心灵。2010年9月，浙江省艺术化语文教学暨校本教材开发与应用研讨活动在永嘉十一中举办。我结合乡土资源，采用艺术的形式，以“飞翔”为主线，将永嘉的山水文化等内容与语文学习联系起来，上了一堂题为“山水永嘉，飞翔语文”的教学课，得到了众多听课老师的赞赏。

然而，掌声中，我还是遗憾，教学过程中那几个不够酣畅、不够尽兴的镜头总在我眼前闪烁。或者说，我在课堂上给了学生飞翔的欲望，却又不自觉地降低了他们飞翔的高度。

镜头一

在引出“飞翔”这个关键词后，我在PPT上打出自己写的一句诗：“飞翔，不是只有一种姿态；飞翔，不是只有一片天空。”然后问道：“同学们，你们能读懂老师写的诗句吗？”一位男生站起来，很自信地说：“飞翔，可以在各个领域里，不是只有一个方向。”“飞翔，是人类的梦想，更是世间万物的梦想。”一位女生很诗意地说道。文字其实是有内张力的，唯有放飞思想，展开联想，我们对词语的领悟及运用才会灵气飞扬。此时，我又展示新的PPT画面：小草吐翠，花儿绽放，溪水奔流，孩童学步，国旗飘扬……“请同学们跟着老师说，飞翔是什么？”“飞翔是叶面上露珠的晶莹滚动。”“飞翔是春风中花儿的美丽绽放。”“飞翔”这个词开始在学生精美的意象联想中飞翔了。只是很快，一幅画有孩童学步的画面难住了一名女生，在我耐心的引导下，她磕磕绊绊地“飞”了起来。也许是担心时间不够，也许是沉醉于自我诗意的表达，随后两幅图画的联想更像是我在推着学生走。我的声音和学生的回答交织在一起，我手持话筒，高声带领学生走出了最后两次飞翔：“飞翔是残疾女孩舞台上梦幻的舞姿，飞翔是我们这个曾经多灾多难的民族坚强自信的崛起！”教室里，我激昂的声音在飞翔……

其实，最后的飞翔与其说是我带着学生飞翔，不如说是我代替学生飞翔，尽管他们已经准备好了翅膀。真的，有时帮助也是一种扼杀。

镜头二

这批高一新生，他们的中考作文是《做一个行者》，教学过程中我要求他们真实地回忆出几个月前在中考考场上的作文构思。果然，学生多以自己初中学习和考试中遭受的挫折为素材，过度强调小我，不善于从生活中提炼素材。没有飞翔的思维，就不会有精神突围的开始。当我们的智慧止于学校及书本之时，无限精彩的世界就被关在门外，布满试卷的就会是日渐萎靡与狭小的心灵世界。怎么让学生再次飞翔？借助视频材料，我完成了一次思维迁移，让美丽的永嘉走入课堂，艺术性地把永嘉的山水文化渗透在语文教学中。当学生都陶醉于家乡的美丽时，我适时抛出如下问题：“阅读永嘉后，如再写中考作文，你还有哪些行走姿势？”很快，学生就开始在永嘉山水、永嘉文化、永嘉历史与未来之间飞翔了。一名女生微笑着说：“我要游遍永嘉，与诗人谢灵运一样，留一些美丽的诗句给家乡和读者，让他们更了解我们永嘉。”我迎着她的目光，真诚地说：“真好，你爱家乡，你是要做一个永远穿梭在永嘉大地上的行者，也是要做一个与诗歌、与书香为伴的行者。”然后我又叫起另一个学生回答……

这一教学细节虽然没有什么不当，可是否有更好的方式，让一颗本已打开的心飞得更高、飞得更远？我应该这样做——迎着她的目光，真诚地说：“真好，你是在用心阅读家乡，那么就请你现场送出一句你写给家乡的美丽的诗句，让我们一起行走在你的文字中，好吗？”让真诚的诗句飞翔，才会有更多的学生也交出他们的精彩，这不就是一个更加诗意飞翔的课堂吗？

“好风凭借力，送我上青云。”语文教师要时刻有一种看得更远的目光，学生才能在你的视线中飞得更高。教育，原本就是在期待超越与升华。

镜头三

课堂的尾声，当永嘉与语文相遇，学生理解了乡土资源也是一本语文书，高中的语文学习需要一颗飞翔的心。此时，我满怀激情地说：“你看，诗人徐志摩飞翔了，我们一起来读读他的《再别康桥》部分诗句。”PPT上流动着康桥的温柔和诗人的想象：“那榆荫下的一潭/不是清泉，是天上虹/揉碎在浮藻间/沉淀着彩虹似的梦//寻梦？撑一支长篙/向青草更青处漫溯/满载一船星辉/在星辉斑斓里放歌……”而后，我改写了徐志摩的诗——“在楠溪江的柔波里，我甘心做一条水草”，以引发学生对永嘉文化的热爱。课堂诗意氤氲，弥漫始终。

只是，这样的改写为什么不让学生来完成？甘心做水草的更应该是他们，水底也是天空，摇曳也是飞翔。一个小小的填空，学生也许用的是形容词——或“温柔”或“清澈”或“美丽”，也许用的是动词——或“荡漾”或“弥漫”……用的是什么其实并不重要，因为在词语转换的瞬间，学生眼前流动的，一定是永嘉秀丽的山水：悠悠三百里楠溪江，河流柔曲摆荡，缓急有度，江水清澈见底，纯净柔和……把“康桥”换成“楠溪江”，不仅仅是一种词语的简单替换，更是一次对家乡的瞬时阅读、一次对乡情的深情点燃。那样，诗意与激情荡漾，学生的心灵就会与家乡文化、家乡风光彻底融合。

如歌中所唱，“有时候我觉得自己像一只小小鸟，想要飞却怎么样也飞不高”，对于语文教学，很多教师都有这样的期待与无奈。其实课堂是充满机会的，充满机会的课堂才是开放的课堂。教师向学生开放，课堂向生活开放，学生向未来开放。开而不放或放而不高，是因为我们想得不够深入，开放得不够广阔，把握得不够及时。多把机会留给学生，你所要做的就是属望他们的飞翔。因为要飞的更应该是他们！

一片树叶摇动无数片树叶，森林就飞翔；一个波浪拍打无数个波浪，大海就飞翔；一双翅膀唤醒无数双翅膀，天空就飞翔。语文课，就该是这样的森林、这样的大海、这样的天空。这样，我们才可以飞得更高。

再教《逍遥游》

越来越爱读庄子的《逍遥游》，也越来越喜欢和学生们讨论庄子与《逍遥游》。庄子洒脱，高唱着《逍遥游》扬长而去，而我们，则在庄子的梦中寻找那只潇洒美妙的大鹏。

“北冥有鱼，其名为鲲。鲲之大，不知其几千里也；化而为鸟，其名为鹏。鹏之背，不知其几千里也；怒而飞，其翼若垂天之云。是鸟也，海运则将徙于南冥。南冥者，天池也。”课堂上，我很投入地带学生诵读此文。《逍遥游》开篇就塑造了“大鹏”这一审美形象，鹏鸟现世，形象壮美，令人振奋。这次教学，我试着对以往的教学做出改变，摒弃了原来复杂的哲学性讲解，而是转向“大鹏”这一审美形象。大鹏是《逍遥游》中的神鸟，传说这只神鸟其大“不知其几千里也”，“其翼若垂天之云”。大鹏是庄子哲学中自由的象征、理想的图腾。学生如何通过文本阅读走进大鹏，走进庄子，走向自我？“大鹏”就是个很好的教学抓手。

庄子为什么要写大鹏？为什么多次提到大鹏？形象大于思维。作为寓言中的主体形象，鹏鸟是一只怎样的鸟？有着怎样深刻的寓意？它和“逍遥游”又有怎样的联系？在当代社会，幸福是那翱翔九万里的大鹏，还是那自得其乐、轻盈翻飞于蓬蒿之间的蜩与学鸠？专言鹏鸟，不能充分体现庄子散文想象丰富的特点，必以物比衬之，以文证之。课堂上，我和学生们一起思考着，一起讨论着。如果说“逍遥游”是庄子一生追求的目标，是庄子的人生境界和人生态度的写照，那么，那只潇洒脱俗、威武壮美、展翅高翔的大鹏，是不是庄子理想人格的化身？庄子主张精神上的逍遥自在，所以在形体上，他也试图达到一种不需依赖外力而翱翔天际的一种逍遥自在境界。大鹏，能满足庄子所有的理想吗？

课堂上，学生们开始以自己的思维、自己的眼光解读大鹏。“理想高远，有追求”“充满斗志，是一个英勇的斗士”“奋斗无止境”“有宽阔的视野，有不屈的精神”“改革家”“时代的挑战者”“自我的追求者”……然后，我顺势要求学生用一个“大”字来概括：大智慧，大追求，大目标，大视野，大挑战，大超越，大拼搏……再读一遍相关文字，有学生说“大孤独”，那一刻，我甚至有内心颤动的感觉，大鹏鸟渐渐飞入了我们的心灵世界。我很感动，为这“大孤独”。大鹏有着高远的理想和不为世人（蜩与学鸠）理解的雄心壮志，它永远是在孤独中等待，在孤独中起飞，在孤独中超越，又在孤独中思考下一个蜕变。“所以也是大悲剧！”大鹏要想翱翔于九万里高空，尚要期待于大风之扬起，即使一个孤独年代的悲剧英雄，也无法独善其身，无法超越世外，更何况我们这些凡夫俗子！需积厚风以行，万物皆有待，大鹏也不能幸免，这又是何等的悲哀与无奈。那一刻，我们都沉默了。是隐隐中的一种疼痛，还是惺惺中一种真诚的憧憬，我不得而知。庄子的清高孤傲、面对理想与现实矛盾的无奈、既自豪又悲哀的复杂心态，全都浸注在这只美丽的大鹏身上。庄子在现实与理想、此岸与彼岸痛苦徘徊并试图超越的形象，一时间都幻化成长空中高翔的大鹏。

“人是生而自由的，却无往不在枷锁之中。”卢梭也在洞察纷繁的世界。“落叶满空山，何处寻行迹”，俗世红尘，谁都无法脱弃一切物累，谁都不是真正的逍遥者，大鹏不是，庄子也不是，但人生因为有了大鹏的经历才变得精彩丰富。在“有待”中实现“无待”的追求，与其感动于这丰富的意蕴，不如站起来，用心灵去诵读这奋力飞向自由旅程的悲剧英雄。

“有鸟焉，其名为鹏，背若泰山，翼若垂天之云，抟扶摇羊角而上者九万里，绝云气，负青天，然后图南，且适南冥也。”课堂上，瞬时满是大鹏的声音……

请给春天一点时间

这节课，我和孩子们一起在作文课上找春天。

只上了五分钟，我就觉得遇到难题了。“我找到了春天”是这堂写作课的主题，可是，我却觉得自己仍瑟缩在风里。我遇到了一群在春天里爱闯红灯的孩子：顽劣、叛逆，爱说闲话，不喜欢发言，嘻嘻哈哈歪七竖八……这一切都在挑战我的教学耐心。春天在他们的眼里是什么？他们头挨着头在一起私语着，内容和春天是没有关联的。我有点生气，但我在竭力地控制，我知道，这个春天，是需要冲破层层雾霭才能抵达的。

我不能让他们看出我的情绪，我把春天写在脸上，虽然，有的时候我的心里会闪过一丝丝闷闷不乐。

“谁叫我是你们的老师呢？”虽然只是一节课。

他们都不举手，甚至都不愿意抬头。偶尔有一个无奈地被我叫起，旁边立马会传来一阵阵嬉笑。站起的孩子呢，也老大不情愿，沮丧着，好像被我强硬地拉到了冬天。最让我郁闷的是前排的一个男孩。我一叫他，他就晃荡起身子，念念有词、嬉皮笑脸地用脏话抱怨我又点他的名字，然后东瞧西瞅，云里雾里地说着什么我听不懂的东西。坐在他旁边的那个女生，仿佛从他那获得了巨大的能量，嘻嘻地笑个不停，应和着这场喧闹。在课堂的其他角落里，总有一簇簇不和谐的声音传来，与教学无关，与春天无关，在悄悄地滋长、游弋和晃荡，搅乱着我的教学思绪。

我皱皱眉，稀释下心头的不快乐。我是很想宣泄一下，像年轻的波涛，怒不可遏地掀起狂澜。

台下，很多老师正焦虑地望着我们。

我已走过了那段狂热焦躁的岁月。在我眼里，生活的、教学的一切都是我要面对，并且必须去平静面对的。

我得调整我的情绪，包括我的教学。慢慢来，耐心点，没有人永远是一块石头，而且，石头，也是能唱歌的。

多多引导吧，让他们觉察到我的存在，不是通过我握紧的拳头、愤怒的脸颜，而是通过我平静的语调、依然温和但内蕴着力量的声音，还有我的微笑和紧紧盯着他们眼睛的目光。

讲台站得多了，班级的状况也遇见得多了。学生，就像地里的庄稼：有的顺天应时地在风雨中拔节抽长，有的则抗拒着风雷硬要长出自己的模样；有的开成了鲜花，有的叛逆成不羁的野草。这就是成长。

教师站上讲台，就不要奢望所有的生长都是一副姿态。教学是危机四伏的，这其中，学生的不可预测性最具挑战。我看着那个男孩歪歪扭扭的坐姿、颇为骄傲和顽劣的脸，就一连几次叫他，没给他一点喘息的机会。我注意到他特爱和旁边的女生说话，就先切断他的话源。“你说说看，你在哪里找到了春天？”那个女孩子若无其事地说：“不知道！”我说：“一个人心里没有春天，他的思维就成了沙漠，上课也就少了底气。你不是找不到春天，而是没带着春天来到课堂上。所以，上课的时候一定要认真思考，那样，春天就不远了。”几句话后，女孩子安静了，坐姿也端正了，眼睛也直视了。男孩呢，一下子孤独了，没人和他聊了，于是我再次紧盯着他不放：“你来，你说说看……”“啊，又是我呀，我怎么那么倒霉呀。”他收回了那句脏脏的口头禅，难为情地望着我，嗫嗫嚅嚅地说起来，说着他的树，说着他的草，说出来的东西还真有春天的影子。

时间，就这样流逝着。这节课算不上精彩，但是很真实。

“谁叫我是你们的老师呢？”一节课，也是人生的缘分。

“人，心里需要装有一个春天，去爱，去珍惜，去理解，去思考。”

望着他们，我觉得我要完成一次心灵上的引导，也许在这节课后，他们又会恢复常态，但我必须这样去做。教育的尊严不在于强势震慑，而在于点滴改变。帕克·帕尔默说："心灵深处直抵心灵深处才能产生共鸣。"教育的润物之功，多半是不能立竿见影的。内心的觉醒，远远比引入作文素材更重要。

我能看出最后的成效，后半段时间，教学有了暖色，更多的眼睛掠过春天的风景。

"在这堂课上，我找到了春天。"一个女孩声音很轻，我努力压抑着心头的欣喜。

"再见了，我的懦弱。我找到了春天。"几次发言都以沉默来表达的男孩，最后的回答像春风拂面。

…………

你是怎样的，你的课堂就是怎样的。你的品质，就是课堂的品质。不埋怨，不抛弃，教育就是耐心加智慧。

"给理想一点时间"，凤凰网博报年度文选取了这么一个充满人文情怀的书名。那么，套用一下，面对着浮泛着功利和急躁的现实之河，请给春天一点时间。

这个五月，依然是春天。

年少正是读诗时

读到一首小诗《秋叶》，短短四句，格外清新。

坡上
坡下
秋天的微笑
散落一地

你看，整个山坡上下，黄红飞舞，风中轻扬。安安静静地躺下，这坡上坡下仿佛披上彩装，秋的豁达斑斓、清静隽永瞬时映入眼帘。我是极爱秋天之人，那款款深情的落叶，更得我心。不言不语的秋叶悠然飘落，像一帧帧美好的诗笺，镶进泥土的窗棂里，不挣扎，不焦虑，以最后的绚烂，让生命的价值昭然。它从湛蓝旷远处飘来，它曾在清瘦树梢上悬挂，或孤寂清高，忧伤不语，或坦荡自如，独守安宁。那落满坡的黄叶，散发着太阳的光泽，静静地，和风霜守在一起……

秋天的微笑？诗人是在用欣赏的眼睛凝视。他的世界里没有坠落腐烂，有的是一颗热爱的豁达的心！

喜欢了，今夜，我便把诗句送给孩子们。我端端正正地在黑板上写下这首诗，隐去了第三句“秋天的微笑”，仿佛隐去了一只只灿烂的眼睛。我对孩子们说：“这首写秋叶的诗歌，一共四句，请你们填上第三句。在诗人的眼里，会是什么散落一地呢？好好想想。”

“老师，秋天的落叶，散落一地。”一个男孩故意抬高了声音，大家都笑了起来。

“诗人是不会用秋叶写秋叶的。诗人说，窗外那黑色阔大的天空，是母亲的胸怀。你看那夜色中的瓯江，不就是大地的长篇叙事诗吗？”我诗意地说着，说得很自然。诗心的传递要用诗歌的语言。

孩子们的眼睛亮了，像黑夜的星星。我真希望，这样的眼睛永远不会被尘埃黯淡。

他们开始想着秋叶，想着他们的诗句。

“坡上，坡下，时光的碎片，散落一地。”高个子女孩徐抒易最早举起了手，“秋天原本就蕴含着一种惆怅，秋叶也经历了春夏，经历了时光，见证了时光。而如今散落一地，所以我用‘时光的碎片’。”

我微笑点头。

“坡上，坡下，来年的春天，散落一地。”这一句，让我想起了秋叶落下后，百转千回、迤逦走来的无边春色。很有跳跃性，很有预见性，仿佛秋叶就是春天的邀请函。

六六有点迫不及待了，他说：“淡淡的忧愁，散落一地。”由秋而愁，是自然之事，我觉得他还可以想得更诗意些。这时，另一个同学也抢着说了他的诗句：“秋天的眼泪，散落一地。”这“眼泪”就把“忧愁”形象化了，诗味就更足了。

“大树的孩子，散落一地。”大树这母亲，该多么心疼与不舍啊。听到这一句，我的心竟然紧了紧，眼前恍惚掠过银发渐多的老母亲。

“鸟儿的窗帘，散落一地。”绿叶密密织成了鸟儿的窗帘，那浓浓的绿色中，有着怎样的欢乐和清脆！

“秋天的烟火，散落一地。”

“流动的秋色，散落一地。”

“枯败与美好，散落一地。”

“秋天的诗句，散落一地。”

“我那脆弱的希望，散落一地。”

…………

写诗，孩子是不用教的，他们天生就是诗人。“孩子们其实是我的老师，幸亏他们，我辨认出了身体里仍然淘气天真的那个孩子。”喜欢和孩子一起“玩诗”的诗人树才说，“从来没有写诗的能力是教会的，每一个孩子都有诗心，他们灵敏而好奇，活在诗意的想象和感觉里。鼓励孩子们写诗，就是要唤醒诗心，表达美和爱，不让它打瞌睡，或者昏昏沉沉。”说得真好！

别让诗心打瞌睡！诗歌的微笑，散落一地，我们去找回来！

我看着讲台对面春天般的墙：绿色的大树，树上缀满鲜花，蝴蝶上下翻飞，落花随风……再看看这些纯净的目光，我说：“我们接下来就写写墙上的画，写出我们微笑的诗歌。”

…………

童心与诗心开始了合奏，诗歌很快来了。

你读读邵奕夫同学的《飘》：

金花
银叶
被蝴蝶选中
成了舞伴

你读读徐一城同学的小诗：

大树
是深绿色的夜空
粉色的星星
蝴蝶般流连

给邵靖皓同学提了点意见，他马上修改了自己的诗歌《思念》：

太想念秋天了

枝头上的花叶

急急地落下

六六的诗歌是这样的：

绚烂

在

轮回中

…………

我一首一首地读着，春天一帧帧地走出，用金子航同学刚写的诗句来说，今夜，我们“抽出了异样的美好”，“拂过了别致的美妙”。这个夏夜，我们用诗心咬住了春天，如泰戈尔所说，“在无边的世界的海滨，孩子们盛大地聚会着”。

年少正是读诗时，这美好，这纯净，我们怎么舍得将它丢弃？珍惜吧，让诗歌的微笑，落满成长的路。而我们，这些习惯黑暗的眼睛，也都要习惯光明！

喊向月亮的声音

只有后排的两盏灯很不情愿地亮着，窗帘也慵懒地下垂着，整个教室里一片阴沉。

我皱了皱眉，提醒他们拉开窗帘，点亮前排的灯。教室，必须是拥有阳光并能繁衍阳光的地方，习惯于阴暗，你就很容易陷入拒绝阳光的深潭。窗帘，被拉开了，洁白的灯光倾泻下来，受宠若惊地，仿佛等待了很多潮湿的日子。教室里，亮堂了许多，我的脸上，也堆积了许多明亮。今天，是个雨天，可阳光，我们可以生产。

高三（九）班的学生学习基础较弱，他们并不在意我的到来，几个孩子将头软软地耷拉在桌上，仿佛一只只搁浅的鲨鱼。

我笑了笑，这样的情况我并不陌生。

我站在讲台上，第一时间将目光定格在他们的脸上，看到那青春的面容上写着些许惊讶与猜测。很好，有心理活动就说明他们没有与世界隔离。讲什么呢？看着一时间还未完全消散的阴沉气息，我觉得有必要给颓废慵懒的他们带来点阳光。

我的目光慢慢上移，在教室后排的黑板报上停住了。这是一期以“迎接中秋”为主题的黑板报，左边是一幅画，画中硕大的一轮圆月，正泛出金黄的光泽，美丽的嫦娥在轻盈地飞舞。其实，这些孩子有的是能量，画得还真不赖。“望月怀远”四个大字很醒目地站在正中央，其他文字则星星般地簇拥在周围。

望月怀远……嗯，有了！

“这黑板报出得真漂亮！谁的作品啊？”我不禁想起高中时我们班级的黑板报。快三十年了，满满的都是青春的记忆。那时，班级的黑板报都是我设计的，文案全部出自同学们自己的创作。悠远的时光，有的是青春的怀想。诗歌、散文，那个朴素又文艺的年代，我们更喜欢原创，而那时，月亮也更圆、更澄澈……

“老师，是他，是她……”教室里叽叽喳喳起来，鸟儿开始在树枝上唱歌了。

“来，你说说，为什么要以月亮为主题？”

“那不是中秋节嘛！”

“那你为什么把‘望月怀远’这四个字写得那么大？你知道它是什么意思吗？”我依旧微笑着问。教师应该如月光一般宁静，徐徐照亮，不急不躁。

“望见月亮，怀念远方。”男孩说话的声音不大，我得努力去听。我甚至能听见窗外的鸟飞过的声音。专注，清除杂念，你就听到了整个世界。

“怀念远方的什么呢？”我继续追问。

“亲人，家乡，故土……”

“恋人呗。”陆续有学生插嘴。鲨鱼看到水了，醒了，瞄了一眼远方的大海又睡去了。

“对，怀念远方的一棵树、一缕炊烟、一抹云霞，怀念远方那皱着的脸、弓起的背，怀念遥远大地上的一个等待、一个承诺……”我的语言，竟月光般地流淌。我知道，我已经进入了那个意境。月亮，在我的心空游弋；远方，是我宿命中的一个个等待。小的时候，很多次走在月色下，等待父亲下班回家的脚步，等待母亲唤我的名字，等待前方的路敞开它温暖的怀抱。柔和的月亮一次次给我一种温暖的暗示——月在，爱就在，我就不会害怕。

…………

后面四个男孩还是沉睡，他们仍不理会我升起的月亮。

“望月为什么可以怀远？”

“……”男孩嗫嚅着，拼凑不出什么概念。

“月亮，很浪漫，很诗意，有很多象征意味。”女孩的文学知识掌握得不错，她积累了一些月亮的光芒。

“作为中国古代诗文里最唯美的意象，月亮，与我们中国人特别有缘、有情结。我们一起背诵一下关于月亮的诗句。”

“举头望明月，低头思故乡。”只有这一句是响亮的、整齐的。高三了，藏在他们心中的月亮还是李白的。我想起了我那读小学的孩子，昨晚，我和他已经在背诵张九龄的“海上生明月，天涯共此时”了。我在心中默默叹了口气，继续微笑着说：“望月，怀远，这一望一怀间，世界上就多了很多美丽的故事。眼里有月，心里也得有月。”我尽量把话说得通俗又带点文艺气息，“联想、联系、想象，会让我们眼前的事物拥有更多的内容，繁衍更多的思想。如果你看到月亮就只是月亮，太阳就只是太阳，那可真委屈它们在天空中悬挂千年。”

学生有点惊异于我的认真，那几个同学偶尔会抬起头，但坚持了一下，又很果断地把头贴在桌面上。

“说说看，你们最近写了什么作文？”

“想不起来了。”

“老师，入学考试我们的作文题目是‘我在’。”

我在？好哲学的作文题。

“老师，我觉得很难写，就随意写，所以想不起来我写了什么。”

其实，也不全怪学生们，这题目换谁写都会感到拘谨。

“望月怀远，那我们就试试把这轮月亮引进你们的作文，好不好？”

…………

“月亮在，我就在。”这声音不响，但是我觉得很好。简洁，明确。我们都是一轮月亮，凡夫俗子寄托于时空，就是要找到精神的慰藉。月亮，它具备这样的感召力。

“故乡，我从不会离开你的视线。无论走得多远，我都是一轮小小的月亮。月在，我在。”我把学生的表达扩展了一下，文学了一把，很多孩子的眼睛里闪烁出喜悦。

“月亮代表我的心，我就是俗世尘中皎洁的月亮。”

“我从未远去，我在，在你的天空里。”

学生的表达真诚了许多。我肯定了他们，又试着提升他们的表述。

“真好，你看，这不就有点感觉了吗？来，你说说看，最近看过月亮吗？”我唤醒了一个同学。

“没有，都在上课，没时间看。”

“晚上也可以看哪？”话一出口，我自己都乐了，白天有看月亮的吗？

“晚上一回家就要睡。”看得出来，他还是想看月亮的。

“好，那以后，每到睡前，你可以悄悄望向窗外，看看夜空……”我故意压低了声音。学生们笑了，仿佛一轮月亮就嵌在此时的课堂上，他们的眼睛里流淌着清澈。

“那几个同学，真好，头抬起来了。你看，抬起头，我们就是月亮了。”唤醒人真不是一件容易的事，老师，真辛苦。

“你看，没有时间，我们就只能把月亮搁置在寂寞的天空。我在哪里？不在月亮里，不在星光里。我在哪里，你们在哪里？”

“课堂上，考试里，试卷里。”学生呼应着，言语中流露出一种埋怨，仿佛是我，剥夺了他们的月亮。

“很好，我在，这就是我在，透过月亮我们寻找自我，找到我们最诗意的位置，我在。”

“早点说多好，老师。”

窗外的树沉浸在细雨里，一动不动，叶子很安静。这让我想起了很熟悉的一幅画面：深蓝的天空中挂着一轮金黄的圆月，下面是海边的沙地，种着一望无际的碧绿的西瓜……只是现在，这些像少年闰土一样的十二三岁少年都已经昏然在一望无际的作业和试卷里。

“马尔克斯说过一句话，对了，加西亚·马尔克斯，你们知道吗？”没有人举手，伟大的作家在这里百年孤独着，我多少有点沮丧，“他说过，万物都是有生命的，关键是如何唤起它们的灵性。”

“请不要收回已经伸出的手，望月怀远，望叶呢？你们能想到什么？”我问。

“风吹落了她，但她依然存在。”

“生命不会失去，我还在。”

…………

望着开始亮起来的教室，我觉得心里愉快多了。我想起了前天，台风过后的楠溪江，无与伦比的美丽。天，是那么的蓝；云，是那么的白；美丽的家乡水，蓝水晶般，纯净，透明……

我和学生一起描摹着美丽的世界。我发现，他们其实也是会描写的。

“融进去，我们就是月亮。来，我们再来读读这四个字，记住了。”

“望月怀远！”教室里，声音很响亮，那是喊出月亮的声音。

下课了，那几个同学又趴在了课桌上，目送我走出教室……

多少，也是进步，我的脸上，还是挂着微笑。我只在想，月亮该如何存在！

无锡，“九条命”的故事

我不一定是最优秀的，但我在激发最优秀的我。

我不一定是最出色的，但我在努力走向最出色的我。

一

《假如我有九条命》，我已读过多次，每读一遍都仿如余光中在用一生沧桑和一世情怀与我交谈。印着残月，披着寒霜，看满眼凄凉，然后他体察到了他的心，他的等待，他的乡愁。人，往往要在穿越一身繁华后，才明白这个世界最后的归宿都是落寞和孤独，于是，守住自己的心最重要。

你累吗？他问我，我问他，我们都在问自己。

这一条微弱的命，在这个光怪陆离的社会上幽幽存在，颇为艰难。你向往田野，可你走不出城市的诱惑；你羡慕自由，可云朵之上还有一个大大的天空。我读着余光中，想起那湾浅浅的海峡。不错，有乡愁，但已经不是那么庄重、神圣、高大，它就是台北的老宅，就是父亲半昧不明的寂寞的世界，就是岳母殷殷照拂的蹒跚之身，就是四个女儿天各一方的默默思念。现在的我，已经越来越能体会对多条命的渴望，不是为了长寿，而是为了还愿和感恩，当然，还有找到真实的自己，这是我们辗转尘世最重要、最真实的心愿。人活一生，长则百岁，短则几年，最终都将化作尘埃；贫富贵贱，爱恨悲欢，最后也都将烟消云散，难得有心去思索什么才是真正的我的存在。埋在公务杂事中的余光中，渴望用另外八条命去完成一生的塑造，这样的假设，让我感慨万千。

假如我有九条命，我会用来做什么？“我不算太穷，却穷于时间。”我们又何尝不是这样？我想着我的亲人，想着载我驶出家乡的一列列高铁，想着云海上腾挪游弋的飞机，想着那漫漫的隐隐约约的路，心神凄怆。这个冬天，我冷冷地思考，幻想着暖暖的课堂。

二

师傅已经85岁了，他坐在无锡市荡口古镇的茶楼里，阳光隔着窗子照耀在他的帽檐上、围巾上、大衣上。碎碎点点的，怎么看都是语文。可爱的老人，很安静地喝着铁观音，目光慈祥柔和。像荡口镇上的杨柳，在这阳光下静静地接收着微风阳光，却从不招摇满身的柳绿，去牵惹关注的眼神；像围绕荡口、连缀家家户户的流水，从不故作高深，也不随意波澜，只是安静地流着，和岁月，和时间，和思想，一起流淌成语文人生的温情文字。望着师傅，想着我们数年来的师徒情分，想着和他一起走过的那些地方、那些和语文有关的片段，温暖就会在这个寒冷的冬天爬上心头。

“我现在记性差了点。”师傅略带沙哑的声音传来，淡定中透着点点感伤。在荡口，这个静谧、文艺、古朴的小镇，串串红色的灯笼、条条青石板的街道，还有这一地照耀千年的阳光，该是会洗去尘世间的繁俗杂乱的吧。师傅，儒雅如你，睿智如你，乐观豁达如你，厚实温和如你，老天爷自然会眷顾你语文的生命，让你这一泓清流，灵动、温润又久远。

假如我有九条命，那个时候，我在想。想余光中，想师傅，想我们。

我知道，我们终究只能完成一条命的旅程。走着，走着，我们有了遗憾，有了憧憬，有了纠结，有了等待。我们的命，要为生计，为亲情，为爱，为语文，为我们的心。岁月再长，也只是瞬间。时间再多，终究只化为手心深浅不一的掌纹。九条命，是我们丰富的人生内容，更是我们分身乏术的遗憾。在余光中幽默清新的文字里，我读出了很多的无奈和愧疚，也读出了一个文人学者高尚的人格和美丽的精神世界。“认识你自己！”想起了古希腊神庙里的那句话，我的眼睛又开始搜寻余光中的文字，阳光也在书上盘桓良久。

我好像读懂了，但又觉得没完全读出这个味道。

而教学设计，我想都没想。

师傅吃着荡口的小菜，很开心地笑了，那时，我已经忘记了其他。

三

悠悠河水，凝聚了无锡三千年的风风雨雨，交织着水乡古朴醇厚的民风民俗。无锡古运河，我们一干人坐在船上，看两岸的灯火，读无锡的岁月。穿城而过的古运河，容纳着无锡的自然美、人文美、历史美、秩序美和风情美。青灰色的砖墙、咖啡色的花格窗、窗旁古典的红灯笼，还有光影下那一座座历史塑像……因为这极具江南文化特色的运河古韵风情，无锡之夜绝美。

船底的水在汩汩流淌，承载着无锡的历史，诉说着无锡的心事。这条河好长，这水路，是用多少条命开凿出来的？那一个个因此而倒下化为白骨和灰烬的躯体，还能听到船与水的亲切私语吗？我很自然地想起了余光中的文章，我不知道，他有没有想过其他人的九条命，我想是会的。一个把诗歌、散文凝成生命精血的人，必然是博爱宽容的，必然是悲悯无私的。

明天早上九点，我就要站在无锡梅村高中的报告厅里，和一群烂漫年华里的学生一起读《假如我有九条命》。我该怎么引导他们走入余光中的文字呢？看船侧的水流，一波波随船荡向前方，我突然有点迷茫。

四

这节课怎么上呢？酒店的灯光下，我一遍遍地问自己。

文章自然是好文章，余光中以独特的思维与角度设想了这九条命，娓娓道来，字里行间充满了睿智与哲理。可是，文章的形式过于简单，每段开头第一句便交代了九条命的内容，一眼看去即可大致理解。没有曲折的行文，在课堂上是很难教出精彩的，语文教师似乎更喜欢有跳跃性的、有起伏感的文章，而余光中的这篇文章恰恰缺乏我们喜欢的摇曳多姿。九条命是什么？为什么要设定这样的九条命？它体现了作者怎样的思想情感？要一段一段地去讲、一条命一条命地去分析吗？

不急，不急，想透了，就有办法了。我这样安慰自己。

“我教的是语文，几十年来我始终坚守的一个立场是，所有教学活动都应该有助于学生正确、熟练地理解和运用祖国的语言文字。”“实实在在地引导学生在阅读中理解、咀嚼、品味文本的语言，进而实实在在地教会学生读书。”我默默地读着师傅的这些话，思索着。

如果只围绕“九条命”而谈余光中的精神世界，进而将这堂课拓展成人生设计、生命理想等教育，散文就成了宣讲，语文就成了说教。要想感受余光中的思想情感，升华我们的生命观、价值观，更重要的是让学生沉浸在余光中的文字里，徜徉在余光中的散文艺术中。坚定了这样的教学理念，我又开始重读文章。

突然我发现，从网上下载的文章只提到八条命。这是怎么回事？另外一条命是什么？我再次钻进文章寻找答案：“或者不教书，就可以痛痛快快地读书。”“我的正职是教书。”对，一定是教书！这条命就是用来教书的。可是，余光中为什么不说出这条教书的命呢？我想着想着，就觉得这里很有可教之处。孩子们，你们能读出这条教书命吗？这样一想，我兴奋了。

可是，同行的蒋老师说他从网上看到的文章是有教书的段落的。我一看，还真是。“书要教得好，也要全力以赴，不能随便……”很长的一个段落。怎么竟有两个版本？明天我使用的文章究竟是哪个版本？此时，已经深夜十一点了，我必须设计出两套教学思路去应对。我反复读这段，读着读着，似乎已经找到了抵达文章深处的通幽曲径。明天，我有信心。

我没写教案，只在脑海里一次次翻滚着明天可能遇见的课堂，这晚，我睡得很踏实。

五

早晨七点，手机震动，无锡的小戴老师发来了课文的照片。我一看，傻了，和网上的两个版本都不一样，不但“教书”这段前多了一句“一条命，用来教书”的总起句，而且其他段落里也补充了更多的引用，比如丹麦王子的“千般惊扰”，比如陆游的那首诗。最最紧要的是，这个版本完全推翻了我昨夜的教学思路，而此时，距离上课只有两小时。

没关系，两小时够了，文章都读得那么熟了，还有什么可担心的呢？早餐的时候，我边吃边安慰自己，竭力不让师傅他们为我担心，我觉得我能做到。盯着手机中的文本图片，我毫不示弱，狠狠地为自己打气！

好吧，你既然敢加上文字，那我就从你加的文字突破，我的教学就从“你”开始。

借力打力，教学就从编者增补的“一条命，用来教书”这一段首的中心句切入。其实按照这篇文章其他八条命的中心句的写法，编者在写“教书”这条命的中心句时是有多种选择的。或“一条命可以专门应付教书”，或“一条命用心教书”，或“一条命，用来教书”，或“一条命应该完全用来教书”，或“一条命专门用来教书”。编者为什么就选“一条命，用来教书”这句话呢？顺此思路，一命串九命，在比较中既可感知作者在现实生活中的种种无奈、矛盾和分身乏术的人生遗憾，又能看到作者所描绘的丰富多彩的人生世界。这样一想，我平静地望向窗外，淡淡的阳光开始生动起来。

九点十分，我微笑自信地和学生一起走进余光中的“九条命”。

杂草的语文之旅

我很少访人，却常访草。……我自己便像一株草。

——陈冠学（台湾学者、作家）

一

“比人类更爱旅行的，是杂草。”英国伟大的博物学作家理查德·梅比的《杂草的故事》一书的封面上印着这行字。

我感到很吃惊，在我的世界里，我更喜欢观察树。我喜欢看那高高大大的树、瘦瘦枯枯的树、或站立或横卧的树，那里有我很多的人生造型。可是小草，尤其是杂草，只以卑微的身姿存活，生长在错误的场合、错误的时间里，任野火焚烧，任风沙蹂躏，怎么还会有那么浪漫的旅行天性?

我得想明白这个问题。

高铁上，我开始把目光留给窗外远远近近的蓬蓬杂草。在春风中，它们肆意地仰着，倒着，簇拥着，披离着，羞涩着，豪放着。它们形态各异，性格不同，但都拥有旺盛的生命力。阳光轻柔地洒下来，春风吹进它们彼此的缝隙，小鸟愿意的话也会停落下来，如果你不矜持，大树自会在一旁静静地凝望。其实，它们的世界没有区别。至少都有自己的春天吧，也都曾美丽如斯吧。往深处想，是的，一粒草种，随风飘摇，落到哪里，就在哪里安营扎寨。只需一点雨水、一点阳光、一点泥土，就漫无边际地疯长起来。原来，我只注意到杂草现在的姿势，却忘记了它的前生、它的旅途、它的世界。欣赏，永远都该是一个缓慢又悠长的过程。

我们还是少了对世界的凝视！未经凝视的世界真的毫无意义！

这样一想，我觉得我可以做一棵小草，一路北上，我要带着一颗语文之心旅行在江南烟雨里。

二

给无锡梅村高中高三学子做作文讲座时，我又想起那自由生长的杂草。

“未经凝视的世界是毫无意义的。”我很想和他们说说“凝视”，想把曹文轩的这句话深深印在他们的高考之路上，印在他们未来的人生旅途中。

对于阐述高考作文，我越来越趋向于简洁化和生活化。我极少用“高大上”的术语去解释。只要写作遵从命题和内心，想透了、想准了、想好了再写，就一定没问题。比如从我一路上看到的茂盛的杂草身上，你能窥视它们丰富的精神世界吗？泰戈尔常常感动于远处的河岸和对岸辽阔的田野，世界于他，是这样富有魅力，我们呢？凝视这个世界的美丽，思考我们当今的缺失，想着我们需要找回的百般精彩，写作就有了。高考作文不论怎么命题，都是指向“立人”的，都是希冀社会健康和谐地发展。高考作文，其实是在帮助我们创设生活的美好境界，尽管多少有点乌托邦的意味。

杂草活得坦荡自然。那么，我们又该怎么做人，怎么活着？

作文题，也是需要凝视的，与它对接的，必然是我们的生活和我们的内心。比人类更喜欢旅行的杂草，一定也有过这样的思考，不然，它们的生长怎么可以如此激烈，它们的旅途怎么可以这样斑斓？

整个世界都在为我们解释，至于是采用议论还是记叙的形式，还是由你自己定夺。想明白了，这满场的高三学生，我从台上望下去，黑压压的，杂草一般。

那滋养他们的风和雨呢？

三

梅村高中同课异构教学活动，我教的是司马迁的《管仲列传》。

这篇课文，我很虔诚地读着，一遍又一遍。

读《史记》，我已经不像以往那般简单毛躁了，也不止于读一段史事、一些名人生平了。当岁月牵引着你穿越沧桑，当你不得不抖落满身伤痕，必须成长、成熟的时候，你对作品的理解就会自觉地靠近，别人的文字里就有了你的生命气息。司马迁写的是别人，写到最后又一定是在写自己。经历了那段血淋淋的不能与人言说的苦难与屈辱，他又是怎样“究天人之际，通古今之变”的呢？而我则要在他的“一家之言”中，读出我们自己。

司马迁也是一根杂草，生长在苦难阴晦的大地上，却硬是摇曳出自己的光芒与绿意。想到这里，我落在文章上的目光就多了许多崇敬。阅读，让我们与苦难相遇，更与崇高相遇！

她们的课，教得很用心，我听着听着，也因她们的表述听懂了更多，听深了更多。“你们读一下第二段管仲的诉说，看看这段话里哪个字出现的频率最高？”学生很快找到了“知”字。确实，这就是一篇写“知”的列传！鲍叔知管仲而进管仲，桓公知管仲而用管仲，前者是知人善荐，后者有知遇之恩，而管仲呢，为政更有无限才华——知民心，知时势，知转化。“知”文意，“知”人心，一“知”串全文。可惜，老师没有顺“知”而下，一条清晰深刻的教学线索因此中断，甚是可惜。

为这个“知”，我决定上这课，立刻，马上！

听了两节《管仲列传》后，第三节课我来上！我知道，她们其实想听我上课，可是怕我累，就说是评课了。这不也是一种“知”吗？那么，就让我用朴素纯粹的一课来回馈吧！几分钟后我走进课堂，竟然也神采奕奕！

原来，我是一株草，只在语文的土壤里萌发！

四

苏州有雨，飘飘摇摇的，映衬得四月这样迷蒙。苏州大学的校园，绿意葱茏，高大的绿树早已在空中握手致敬，缠缠绵绵，路边的小草更是迫不及待地释放着对春天的渴望，再想起平江路旁安静的流水和典雅的江南民宅，真觉得岁月如此美好。

这次在苏州大学举行的语文课程改革高峰论坛规格极高，语文界大咖云集。昨晚和孙绍振老师于平江路小走，记忆颇深。我在苏州的小石桥上拍个照，被友人笑说自恋，孙老则很支持地说："做人就要自恋，自己都不爱自己，这个世界谁还来温暖你？"这一说，我很快想到了杂草。它们虽处荒僻，不但绝无自怜自哀之态，更欢欢喜喜地站成了风景！平江路上，有几家"天空之城"书店，我们正想进去，孙老说："不进了，不进了，一进去就想买上一堆，结果放在家里又没看，还是忍住吧。"我想起家里堆积如山的一摞摞书，觉得也确实如此，便决定以后每次只买一本。

高峰论坛，我的公开课是上午第一节，很有趣的文章——《走一步，再走一步》。真真切切地教书，踏踏实实地教书，走一步，再走一步，这就是了。先听写生词，再让学生试着概括文章内容。一听，发现阅读得不够，就让学生再次默读，等所有的手都举了起来，我才开始循序渐进、不着痕迹地推进。教学就是我教你学，其他的花样，不在我的思考和喜欢中。蔡明老师点评时给了颇多夸奖，还提醒我"再走一步"，比如，提问的时候，可以把评价交给学生，可以让更多的学生去回答问题。"一个问题至少三人回答"是在告诫我们，教学要慢一点、实一点！这让我印象深刻。"对于语文教学，走异路，总不会远的。"熟悉亲切的黄厚江老师诚恳地说。我点了点头，把这句话刻进心底，草一般地生长。

"美是一个过程，是生长和衰老中表现出来的优雅。"《杂草的故事》里，我一遍遍地读着这句话。我觉得，这句话也在说语文的理儿。

五

昨晚，我又一次梦到了父亲。

父亲远远地站着，裹住他的是一团黯淡的红光。父亲不说话，只是望着我，那眼神是在告诉我他回来了，只是去旅游了一回，去田间劳作了一段时间，去煤矿工作了几天。我看着父亲，心里一喜：爸爸，你回来了，不走了吧？父亲不作声，就在那里含笑凝视着我。是的，凝视。我心里一宽，我的父亲又回来了，原来，他没离开我。我欣喜地奔向他，想去拥抱他，可我搂到的是一个空，苍老的空，黯淡的红色的空。

这样，我醒了，再也没有睡意。

苏州城的夜，融进了诸多现代元素，迷离的灯光、疾驰的汽车，还有淅淅沥沥的雨声。科技与自然结合的夜晚，我的思念悄悄滋长，杂草一般地蔓延。我懊悔我的醒来，让我在瞬间失去了父亲的身影。下一次梦见，我一定会控制自己的脚步。父亲，我就在远处静静地看着你，看着你扛起锄头，看着你套上雨鞋，看着你站在田间。雨点落上你的身，我就在远处为你打着伞。思念有多长，伞就有多大，父亲，我不出声，我不惊走你。

梦啊，父亲，你是想我了吗？你是怕我走得太远，离家太久而撇下忧伤的母亲、稚嫩的六六，特意来提醒我吗？或者，你怕我在他乡孤独，担心我明天上课紧张而来探视我？你的那块田地，母亲还在劳作，常常，我们吃着你种下的菜，吞咽着追思的泪，想你，就那么自然。

父亲，你是树，我是你脚边的小草，怎么生长，也离不开你的周围。

父亲，我真的想你了，你才是我永远解读不完的语文！而语文的最后回归，又必然是爱，是家，是你！

有风，就吹起我的根，让我随之飘飘荡荡，去搜寻你苍老的脊背，去落在你宽厚的肩膀上。父亲！

异乡的夜晚，我读懂了小草的旅行。满腮泪痕，浸润着我的语文。

教学，是彼此都要珍惜的缘分

一

2015年10月，广西壮族自治区南宁市，八桂中学语文教育论坛暨初中语文优质课观摩研讨会。

“‘蹲’和‘伏’这两个动词能否互换位置？来，你来说说看。”《走一步，再走一步》的课堂上，我这样问一个女孩。

她不说话，眼里却在笑。

“这两个动词能否换换位置呢？”我又问一遍，她依旧如此。

全场安静，听课的老师近千人。

我有点着急，可我还在安慰自己：“沉住气，决不能让大家察觉到慌乱，没事，再给她一次机会，换种说法吧。”我看不到自己的眼睛，但我相信，那里都是微笑。我鼓励自己，也鼓励她：“你可以运用你的生活体验，试着分析这两个动作，来，试试看。”我的话不疾不徐。秋天，南宁依然温暖。

她望望大家，笑着，还是一语不发。

“那你做做这两个动作，来，‘蹲’是怎样的动作？”我轻轻地托着她的手，以为可以给她力量和信任。

我又说了一次，她仍笑着，不肯蹲，也不说话。

要体会这两个动词潜藏的心理情绪，就必须明白“蹲”和“伏”两个动作的感受。随着夜幕的降临，那个在悬崖上孤独挣扎的“我”，是越来越恐惧和紧张的，甚至听得见自己的啜泣。动词，都是有心情相随的，每一个动作的背后，都是一种特定的心理。“伏”，匍匐在岩石上，用手死死扣住大石的边缘，传递出的该是怎样的一种惧怕和绝望！这个女孩只要做出这两个动作，就一定能感觉到。

她站在那里，依旧不动，眼睛里也没有任何敌意。

“你能蹲一下吗？”

她不说话，笑着站在那儿，倔强得就是不肯做如此简单的动作。所有的目光都紧张地聚焦在我和她的身上。

“那好，我们全班同学一起来做做这个动作。来，同学们，‘伏’是怎样的？”全班同学都把上半身平铺在课桌上，手往前伸得很长很长。“老师，这个‘伏’比‘蹲’中的害怕更害怕。”同学们七嘴八舌地说起来。我看着这个女孩，示意她坐下，我将目光移向其他人，甚至故意不看她。

余光里，我瞥到一丝落寞。

…………

很快，我又问了一个问题，这时，我听到她细微的回答，很正确。我立刻叫起她，她大声重复了一次。

“你看，这次你是多么勇敢，而且回答得很正确，真好！”

她又笑了，眼里掠过一丝惭愧。

的确，课堂上，我蹲下去，你就会站起来。

仿佛什么也没发生，阳光在窗外依然灿烂。

二

2015 年 10 月，四川省南充市第五中学，我上公开课《皇帝的新装》。

课已近尾声。

“童话，不仅是在教育孩子们，也是在教育这个世界的大人们。童话，是所有人的故事。那么同学们，今天，当我们再次读完《皇帝的新装》，你想对在场的大人们说句什么话呢？”我的声音提高了，我觉得这个世界就是我和学生们的。

“大人们，你们要守住那颗纯洁的心！”

“不要因为生活而改变自己！”

孩子们已经入境了，他们的话语如此真诚！

“来，你来勇敢地说！”我叫起一个男孩，他的眼睛亮晶晶的。

“大人们，你们要洗心革面！”稚嫩的声音响彻会场。洗心革面？怎么用上这成语了？听课的老师们愣住了。我很清晰地听到了这个词，也感受到了场下的窃窃私语。“洗心革面”是清除旧思想、改变旧面貌的意思，是比喻坏人彻底悔改的，用在这里确实不得体，那不是把在场的老师们都说成坏人了？可转念一想，这不也说明他积累了一个成语吗？语言，不就是需要我们说了、用了才能准确运用的吗？

男孩可能意识到自己说错了，红着脸站着，像一棵羞涩的小树。

“可是他什么衣服也没穿啊。”《皇帝的新装》里那个天真的孩子就是这样的。孩子就是孩子，说得不一定最好，但一定最真，最坦率，就像山间清泉，就像窗外阳光。他们早已过滤了那许多复杂心机，只剩下至纯至真的心性。每一个孩子都是天使，更何况这是一个在晨风中站起的孩子！

“是的，洗心革面，就是要洗去尘俗之心、功利之心，洗出一颗纯洁的童心，丢掉虚伪的面具，换上一张婴儿般纯真的笑脸。大人们，我们应该这样！”我微笑着迎着男孩的目光，感动地说。

男孩的脸还是红红的，他扬起了头，骄傲地站着。他没想到，自己的回答竟然可以蕴含这样的哲理！

台下，一片掌声。这个世界如此美好，如此真诚！

原来，所谓课堂，就是我们彼此都要珍惜的缘分。

让我如此依恋，我安静的课堂

晚上，孩子们的作文课。

我没说什么，在黑板上写下六个字——“让我如此依恋”后，就转身微笑地看向学生们。这些初中的孩子费了好一段时间，才让见面时的那份热闹停歇，在我的眼里，他们安静成冬夜树上卧着的鸟、枝条上收敛的叶片。偶尔有几个还想说说话的，我也没多加阻止，只是温和地看着他们转头溜出几句玩笑。那个情景，像极了我的中学时代，和同学在一起，总有无穷无尽的稀奇事儿要说。冬天的寒冷阻止不了青春的花朵绽放，孩童的心，只在春天里。季节，只关乎冷暖，驱散不了阳光和春意。

白色的灯照得这间不大的教室一片光明，窗外，几棵树站立着，黑色的眼睛里满是羡慕。

我还是微笑。终于，他们也静静地微笑了，看着黑板上的作文题，眼睛里写着思考。

让我如此依恋？这安静的夜里，我在想。

这冬天的大地让我如此依恋，这冬天的月亮让我如此依恋。年少时候的孤独行走，是这大地托载我瘦弱的身躯，是这高悬的月亮温暖我惧怕的心灵。这冬天的太阳让我如此依恋，这冬天的河流让我如此依恋。我看着我的老父亲，看着他脸上聚集起越来越多的老年斑，眼睛里的昏黄浑浊了这个世界，但是阳光一照耀在他的肩上，他就立刻焕发出春天般的喜悦，仿佛一支瘦柳在春光里荡出了生机。我看着我的老母亲，看着她的脊背开始弯曲成河流的姿态，却总是不懈地流淌着对这个冬天、对我们的爱。我看着父母，想着父母，看着他们开始积攒阳光的眼窝，开始瘦出忧伤的身躯，开始摇摇晃晃地行走，就会联想未来我无比思念又孤单迷茫的日子。这夏日的炊烟让我如此依恋，这秋天的田野让我如此依恋。我再也不会惊艳地看着城市的高楼大厦，再也不会失语般地望向城市里那密密麻麻的穿梭。那橱窗里的奢华，那广告牌上的妖娆，都不是我的记忆。外婆黄昏里透过炊烟的一声呼唤，老人古铜色的皮肤在秋天的庄稼前的闪光，都是那么让我感动，还有那飘落一地的金黄，那一路芬芳的稻香。这春天的天空让我如此依恋，这宁静的森林让我如此依恋，那遥远的大海让我如此依恋，那飘满牛粪味儿的乡间小路让我如此依恋。好多次，在梦里，在现实的路上，我凝望着那蓝天白云，想象着一只欢喜的小鸟怎样扑进森林的幽绿，一叶帆怎样悠悠地漂荡在大海之上，这时我就会微笑，仿佛我的童年、我的少年不是走在满地泥泞上，而是徜徉在最幸福的时光里。

你们会像我一样微笑着回忆吗？我这么想。

英国的彼得·梅尔写的那本《简单活着，真好》，我很依恋。“有一栋房子，阳光像小溪般淌过卧室的玻璃窗，在窗前醒来，抬眼看到的都是绿。还有一处花园，在有风的下午闲看太阳将天空染成如绚丽篝火般的粉紫色。夜幕初临，举办一场欢乐的聚会，等待星星露头。是的，这是我们的梦想。”每次，读起这样的描绘，我就无限神往。我的目光就会穿越城镇的拥挤和俗气，最后落在那一望无际的绿色草原、那绚丽繁杂的摇曳花朵，还有那悄悄爬上夜空的星星上。这样的生活，很远，又很近，就像今晚的安静，其实我们是可以在这片嘈杂中营造出来的。再怎么样喧闹的地方，我们都可以找到一汪清泓，把庸俗的灵魂清洗得透明。依恋，是为了遇到那个更好的自己。

孩子们完全安静了，他们的笔尖轻柔地摩挲着纸页，发出细细的沙沙声。他们的眼睛，清澈有光，他们的脸，在灯光下泛着淡淡的光晕，仿佛一种内在的呼唤把他们拉回曾经的时光里，去追忆，去幸福，去哭泣，去神伤。这一刻，简单纯粹。

写作，其实是对岁月的一种收藏。你遗漏的心情，你最初的纯真，你眼角的潮湿，你脚下的微风，都会在安静中絮语。

他们会想起路边的那棵树吗？青春的忧伤，和树有关，我的很多等待，是在一棵棵树下展开的。叶子滑落，我的故事也如此不染纤尘。他们会想起书店里那本寂寞的书吗？它蜷缩在最偏僻的角落，永远不会骄傲地晾晒在货架最醒目的地方，但就是我最爱的那本——周国平的哲言、北岛的诗，或者泰戈尔的散文诗……手在贫瘠的口袋里流浪，眼睛却一次次在书店的玻璃窗上踟蹰。还有那一盒盒写着偶像名字的磁带，那一盒齐秦的《狼》、那一盒王杰的《一场游戏一场梦》，都是从我干瘪的饭盒里扒出的歌声。孩子们，你们有过这样的追逐吗？“让我如此依恋”，我还是怀念，在依恋着的时间的幕布里，我度过的无数或喧闹或安静的片段。城市的灯火不在其中，满街的堵塞不在其中，闭上眼睛，我看到许多脚印，深深浅浅，歪歪斜斜，都印着爱着的人的挂念、走过的路的语言。

孩子们写着他们的文章，我则读着林清玄的散文。我读得很彻底，比任何时候都读进了心里。“自在悠游于夜空的明月呀！照亮过人间时，历历在目，有缘的人自然会看见明灭、看见幽微、看见美！”安静的时候，真好。生活一样，教学也一样。今夜，我若一味在课堂上聒噪，还能静下心来激起心中这千层浪吗？今夜，我若只用热烈将课堂塞得满满登登，还能有这样的静默来纪念青春吗？静水流深，语文课堂在静中更显博大与深邃。

我起身，走向安静写作的孩子们。我静静地站立，看他们低头写着他们的故事，写台湾，写故乡，写奶奶的汤，写大海边迎风的散步……这个时候，窗外有人来人往的喧闹，有月光树影的交织，可没有一颗心在惦记着这样的风景。入静，才是最真的学习状态。驻足，流连，陶醉，沉淀，平静的表面裹挟着驰向远方的激荡，于无声处听到内心惊雷阵阵，最后都化成融入笔尖的美丽与深情。或者是童年的一纸风筝，飘飞在遥远的天际；或者是丢在草丛里的一颗星星，闪亮在今夜的静默里；或者是爬满一堵老墙的青藤，只在这一瞬间开出灿烂的花朵……能把思维引向深远的教学最后必定是静静的，是在高雅娴静中读出深刻，在静默潺湲中品出个性，在朴素稳健中写出真我。静静的，天空更高远，世界更广阔，心灵更自由，我们更清晰。

我开始愧怍，为自己制造过的许多个喧闹却干枯的课堂。细细地涵泳，静静地品味，这个时光，星星都已经到齐了。窗外的树，垂下黑色的眼睛，静默着，各自想着它们的心事。

今夜，这样的安静是舟。我们与林先生一起，“循着时光的河流向上游前进，两岸花树宛然，群山微风依稀，好像重活了一次”。

简单活着，真好。入静教学，真好。

让我如此依恋，我安静的课堂。

“店内外”的快活空气

“读完《孔乙己》，对于小说中的主人公孔乙己，你记得最清楚的是什么？”

浙江省杭州市富春三中，细雨迷离中我给初二学生上《孔乙己》。我这样波澜不惊地入题，课堂也在慢慢地、平平淡淡地推进。“孔乙己满口的之乎者也”“孔乙己的善良”“孔乙己的懒惰”……孩子们很真实又很谨慎地说着他们的阅读感受，气氛有点凉薄。初二孩子对鲁迅小说多少有些隔阂。“或者说，你对孔乙己感受最深的是什么？”我随即改换了一种提问，希望他们能慢慢说出点小说的细节来。

…………

虽然走得慢，走得跌跌撞撞，但还是走了下去，我心里一直平静。

我沿用原来的教学设计，想从“记”字渐进小说的内核。“孔乙己，你脸上又添新伤疤了。”这时，一个男生站了起来，轻声地读着酒客们嘲笑孔乙己的场景。他的声音很低，我却听得很清晰。最后一句话他读的是“店内充满着快活的空气”。没错，他分明少读了一个字，小说里鲁迅是这样写的：“店内外充满着快活的空气。”对，“店内外”，他读成了“店内”！

为什么鲁迅写的是“店内外”？“店内”的表达似乎更合常理，可是鲁迅却很认真地将这快活的空气从“店内”流溢到“店外”，这“外”字的延伸，究竟有着怎样的特别之处？

我很敏锐地察觉到这次漏读带给我的教学契机，于是不露声色地问：“这位同学少读了一个字，大家听出来了吗？”

“少了一个‘外’字，应该是‘店内外’。”同学们纷纷说。

“那能不能就改成‘店内’呢？本来就是在咸亨酒店里喝酒时发生的事儿，为什么鲁迅要写成‘店内外’呢？”我继续追问。

我决心就这一问追踪下去。这“店内外”的“内外”，分明是教学好文章，太值得我们推敲了。鲁镇的咸亨酒店，聚集了这样一帮人，他们百无聊赖，麻木不仁，他们缺乏同情和关怀，只以取笑同样生活在底层的人的苦难为乐，对这些人冷眼嘲笑，甚至恶语相向。他们，就是鲁迅笔下的看客。孔乙己一到酒店，他们的乐趣就发酵起来。你看，开始还是“有的叫道”，很快就变成“他们又故意高声嚷道”，个体嘲笑瞬间转化成群体攻击。这样的人，多是短衣帮，是他们聚集成硕大的嘲讽背景。这“店内外”的“外”字，让我们看出一幅怎样的社会众生图来？

这漏读的“外”字，真是一个绝妙的教学出口！

“大家想想，‘店内外’充满着快活的空气，从这个‘外’字中，我们能够读出什么来？”

我继续启发着。这个班级的学生没有我上一节课教《在沙漠中心》的初一学生敢表达，多少有些拘谨，可我还是耐心地等待着。是啊，这“店内外”的“外”，很值得品味。店外的人是谁？是什么身份？可以想象，前来围观的人越来越多，他们不一定是来喝酒的，但一定是来凑热闹的。他们的目的相同，都要在嘲笑孔乙己的话语中找到快活，借此打发那无聊空虚的漫漫日子，孔乙己的出现瞬间给这些麻木的心打上了一针鸡血。我闭上眼，仿佛看见人流围成一个圈，慢慢地向咸亨酒店聚拢，慢慢围住孔乙己这个可怜人。想到这里，我的眼睛甚至有点酸涩。多么可怕的人性，又是多么真实的写照。鲁迅的文章里，常常有这样的场景出现，围观的，伸长脖颈的，哄的一声发笑喝彩的。若只是囿于小小的酒店，这快活的空气里又怎能溢出这无边的凄惶和悲哀？

小说，从“小”处去说，这小小的“店内外”，蕴含了作者怎样的悲痛和匠心？

我的思维在短短的瞬间飞速运转着，这男生不经意的漏读，竟然给我带来如此多的思考。苏霍姆林斯基说过：“教育的技巧并不在于能预见到课堂的所有细节，而在于能根据当时的具体情况，巧妙地在学生不知不觉中做出相应的变动。”在教学的动态进程中，教师除了要把握好预设的教学环节外，还应突破原有设计，捕捉和处理好教学中产生的没有预见到的新的即时性问题，顺学而导，教中求变。这“店内外”的错读，就是一个绝佳的教学契机！

再想，这“店外”，“外”到怎样的范围？小说中的“店外”之人，自然是指簇拥在酒店门外的围观者，可是仔细推敲，这“外”字的出现，恰恰扩大了麻木冷漠人群的范围。孔乙己的周围，尽是这样的人，他们剥蚀着同样苦难的人的悲哀，咀嚼着相同身份的人的苦难。这“店外”，就是镇里，就是镇外，就是整个社会。黑夜漫漫，所有空气都弥漫着这样坚厚的冷漠，人群中四溢着无边的凉薄，孔乙己无路可逃，他，必死无疑！

你看，“店内外”直指小说深处，刻画着整个社会的悲凉，简洁，深刻！

我期待着学生能读出这样的感受，他们似乎能，但不敢多说，声音不高。

“没事，要读懂鲁迅的‘店内外’，我想还是先来读读店里的相关细节，看看咸亨酒店里的人是怎样惦记着孔乙己的伤疤和那被打折的腿的。”

我绕到了相关场景，我知道，尽管他们已经读了两三遍，但他们还需要进一步阅读。聚焦到重点语段，感受酒客们的丑恶嘴脸，再想想这层层叠叠、内内外外包裹着孔乙己的悲凉，自然就会对孔乙己的悲剧做出更深刻的理解。

…………

“现在，我们再回过头来思考，鲁迅为什么要说‘店内外’。孔乙己无处逃遁，在这充溢内外的快活空气中，孔乙己必然是‘的确死了’！”我做了这样的小结。

初二的孩子阅读小说的能力不强，但愿这突如其来的漏读，能给他们带来一点思考。而我，也因为这“店内外”找到了新的教学设计。我可以这样设计：先引导学生阅读与“店内”的快活气氛相关的细节，再想象没有写进小说里的“店外”之人的嘴脸，最后思考“店内外”隐含的小说主旨。多好的一条思路！既有文本阅读，又有情境体验，而对小说主旨的理解也是水到渠成，自然而又深刻！点拨得好，课堂的容量、思维的容量就会在这个有限的空间里被拓展和延伸。在学生的漏读中，原有的教学设计被自然调整，我很是享受这样的突变，虽然过程还是起起落落，但下次呢？

我无限憧憬着！

课堂风景，有如约而至，更有不期而遇。

经典，就是越来越丰富的阅读。一个“店内外”，让我拓展出一条《孔乙己》教学的新路。感谢你们，包括你们的稚嫩！

“与”是遥远处伸出的一只温暖的手

“我们记住了苍茫的西湖，记住了静默成点的亭，更让人感动的是浩茫天地间那颗孤独寂寞、卓然不群，而又高雅脱俗、萦绕着淡淡愁绪的心。”课堂最后，我指着“湖心亭”三字做了这样的小结。此时，窗外的阳光薄薄而来，冬天的银杏叶子还未落尽，片片金黄在凉风中诉说着岁月。

浙江省长兴县煤山中学，我和该校的语文老师同课异构，教的是张岱的经典文章《湖心亭看雪》。

老煤中和我中学就读的长广二中只隔一堵墙，那时，两个学校的学生翻过石头墙就可以进入对方学校的领地。长广二中的学生多数是煤矿工人的孩子，而煤中的学生多来自当地乡村。这么多年来，我早已把长兴这块土地视为生命中最重要的精神故乡了，这里的每一条河、每一片土、每一棵金黄的银杏，都值得我细细凝视又深深记忆。雪夜看雪，是张岱的“痴心”，其实我们对世界的记忆和眷恋也都因着那份痴。遥远不能阻碍，岁月无法改变，总有一个视角，会留下我们的痴情，让我们愿意守望成永久。

教什么？张岱早已把小品文写成风华绝代。这清新雅致的文章，教俗了，就是莫大的亵渎。可我们又都容易俗教俗学，课堂里闹闹哄哄，花花绿绿，怎么也及不得张岱之万一。经历了人生诸多浮沉，只待两鬓泛星，面容沧桑，对这样的美文，便又多了一份敬畏。从那一幅幽静深远、洁白广阔的雪景图中，我们能揣摩出太多：张岱的孤独寂寞，张岱的淡淡忧伤，张岱的遗世独立、卓然不群，张岱的孤芳自赏、远离世俗，张岱的故国之思、隐逸之心，张岱的人生感慨、宇宙怀想、内在忧愤与矛盾……不一定都是张岱的，我们自己的人生追思、沧桑流年也尽在文字间。

短短百字，无限其中。

对于这篇小文，已经有太多的解读，或深刻，或厚重，或另辟蹊径寻心路，或知人论世说痴情。古时文人雅士性灵之作，后人争相破解密码，多长的文字也装载不了。文字里的滋味，是要浸泡在时光与经历中的。真正的读懂，是需要等待的。起起落落，沉沉浮浮，百转千回后尝尽人世沧桑，才能真正与张岱及其文字相遇。人生渺茫的深沉感慨和挥之不去的故国之思，这些初二的孩子又能读出多少呢？阅读真的没有定论，只有越来越丰富的认知、越来越晓达的理解和越来越走心的靠近，而融合或升华发生在哪一天，我们真的不知道，也无须知道。还是简简单单地走进湖心亭的夜雪中，在这混沌天地间留一次用心的阅读和思考。这样，最好。

怎么教呢？不用百度，我已经有了很多教学入口。比如从“看雪”入，为什么不是赏雪？什么时候看雪？怎样的雪景？比如从“独”入，为什么要独自看雪？为什么要在更定时分看雪？明明有舟子相伴，为什么说是“独”看雪？比如从“痴”入，“痴”在何处？怎么理解张岱的“痴”？比如联系柳宗元或者苏轼的诗文，通过对比阅读探究古人之心……可以说，《湖心亭看雪》的教学已有多种演绎，怎么上都觉得有跟风之嫌。

想起我说的“小说，从‘小’处去说”，就觉小品文的传世之作，也该从语言的极小处去品。

那么，哪个“小”是最值得探究的呢？

在我前面上《湖心亭看雪》的两位老师，都在雪景佳句上做了细腻的赏析。“雾凇沆砀，天与云与山与水，上下一白；湖上影子，惟长堤一痕、湖心亭一点，与余舟一芥、舟中人两三粒而已。”的确，张岱用空灵之笔写湖中雪景，实在美极。文字简练朴素，不加渲染，用了白描手法写景，却又不止于写景。我们从这个混沌一片的冰雪世界中，不难感受到张岱那种人生天地间茫茫如太仓稊米的深沉感慨。但过于技术化的分析，会失却这样的美，不进入文字深处只在外围解析，绝难走入张岱内心。

“读读直接描写西湖夜雪的句子，你觉得写得最妙的一个字是什么？”我用了这样一个问题径直走进这段文字，想引领学生和张岱做心灵碰撞。只做点拨，不多言语；只做营造，不做灌输。读张岱的是你们，也只能是你们，而我，就是那个静静陪伴你们阅读、为你们调整角度、为你们助力点火的人。教学，让学习真的发生！

这最妙的一个字，恰如一片冬叶，你细细地读，沿着叶脉深至心底。

我们读“一”，那是谁的孤独寂寞、遗世独立？

我们品“与”，天人合一的渴望中，是谁伸出一只温暖的手？

我特别喜欢这样来比喻“与”字，心底很自然地一颤，就滑出了这样的一句。张岱也不想刻意孤独，但茫茫天地间，知己者谁？“与”谁在夜雪纷飞时把酒推杯？金陵客吗？舟子喃喃，张岱又何尝不在喃喃？只是他的心绪，说给了这飞雪苍茫的天地。一人，与谁？极想处，湖中人鸟声俱绝。

这是孤独者与孤独者的感通，孤独者与自然的感通。我把风雪看锦绣，你用孤独唱人生。人生如雪泥鸿爪，这一夜，多少回味。

这个冬天，没有雪，阳光下黄叶如霜，层层叠叠都是张岱落寞又翩然的身影。天与云与山与水，上下一白，而我们都是大自然中最卑渺的一粒。我不太喜欢刻意分析“崇祯”等词的时代意味，与初一学生一起，我更想融进那凄美、凄清、纯粹的“与”中，去念想自我，念想宇宙，念想人生。

叶，是谁的手，在拉住秋天？雪，是谁的手，在留住尘世心绪？

我站在少年的土地上回味，张岱站在精神的风雪中沉醉。纯粹也罢，复杂也罢，或喜或忧，或乐或悲，都是在寻找心灵的慰藉。看看黄红绚烂，再想想遥远的那个雪夜，原来，此生从未走远，我们还是那个少年。

我忘记了是在上课，只觉得，我们都荡漾在那晚的小舟上，覆盖船身的，是漫天的风雪和张岱的文字。

我们很小，语文也不必太大，就这样静静地滋润，真实地改变……

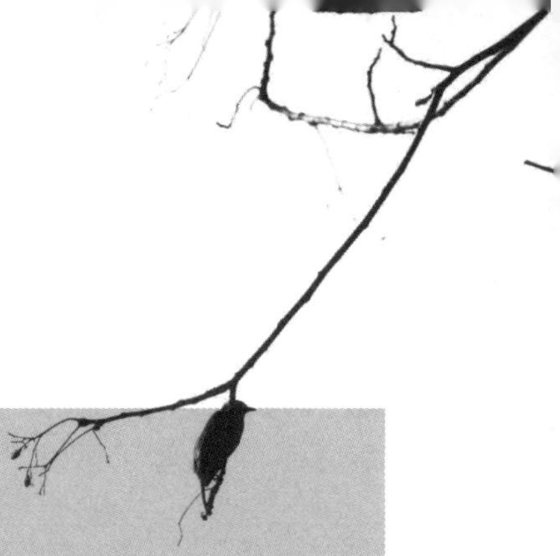

第二辑

语文的表情与眼光

1

浅浅的，浅浅的，语文的脸。扁扁的，扁扁的，岁月的书签。不知不觉中，月亮的脸在偷偷地改变，语文的心在渐渐地丰盈。喜欢这样悄悄的自然的改变。语文，因为阅读，一切的发生只等时间。

2

成长的路，是缩不短的。这里，被加快的，一定，会在那里被丢失。语文教学，也是如此。

3

我的语文老师，小学的，中学的，他们的课堂简简单单，朴素无华。教我背书写字，教我摘抄积累，教我一篇篇文章要大声地读，教我一段段文字要认真地抄写，教我记下黑板上的中心思想、段落大意……教着教着，若干年后，我竟然也成了语文老师。

4

他们的课堂，不曲折，简单朴素，像一棵冬天的树，苍劲枯瘦，只剩下听说读写；我们的课堂，很艳丽，丰富斑斓，像一丛春天的花，繁杂妩媚，间杂着读写听说。

风吹来，冬天的树，摇出春天绿意；春天的花，落成一地残红。

5

他们，爱在黑板上写满字，粉尘白了头发，我们有了青春；我们，爱在幻灯片上积累绚烂，声影眩晕了脑袋，我们依旧迷茫。

6

他们很少说语文外的哲学、美学，他们教的是最基础的语文；我们天天想着深刻厚重，自己却如此肤浅。

7

那时，课文就是课文，理解就是理解，不叫文本，不说解读。语文很简洁，很浅很浅，像清澈的小溪。时间流淌，我们也有了一定的深度。读书，是和时间一起流淌的，是和阅历一起壮实的，是和生活一起丰厚的。

8

我想浅浅地教语文，甚至教成你们心里的肤浅，我相信，浅到心底的文字，纯净地堆积起来，就是高度；我想浅浅地教语文，甚至教成你们眼里的低矮，我相信，矮到能扎根的思想，真切地凝聚起来，就是厚度。

9

孩子说，文字里有一只麻雀，我就先让他们读出美丽真实的飞翔，未来，他们会看到雄鹰的翅膀。

10

你很深刻，不代表语文课堂必须如你深刻。你很锋芒，不代表语文课堂必须咄咄逼人。河流，可以绕过所有的高山，可它的流淌依旧温和。因为，它要滋养的是两岸的草木，是水里的鱼虾。

得大道者，必有大德、大学问、大智慧、大涵养。

11

我喜欢，看着孩子们的眼睛教语文。

浅浅地教语文，和孩子们的眼睛一样清澈、纯净。

浅浅地教语文，教字，教词，教句，教篇章，教我们能感受到的、也应该要感受的思想。

12

今天读的一个字也许是明天的一声宣告，今天写的一句话也许是未来的一篇美文。什么是语文？语文就是我们的成长。而成长，绕不过时间。

13

浅浅地教语文，不是教浅浅的语文。深入的，是我的理解；浅出的，成你的感悟。

14

语文教学，要着眼于语言和语文能力。我们朝向语言的海洋，眺望精神的天空。

15

语文的困境，就是心灵的困境，就是世界的困境。

16

浅浅的，不理会世界的喧嚣。我的语文身影茕茕独行。

你会从很远很远的地方回来，与一直站立的我们相遇吗？

语文，你是什么

很害怕，为了高考，把语文课变为专题复习课，茫茫题海的遨游，换来了分数，也换来了文化的贫瘠；很不忍，把李白和苏轼的月下吟哦，分解成模式化的解题步骤，诗歌更应是自由思想的艺术；很无奈，失去了吟咏诵读的课堂，竟然也生产出语文得高分的学生，缺失了涵泳与品味，又怎能建构起学生的文化人格？

于是，多少情美意深的中华美文，变成了可精确定量的分值，变成了ABCD的冷漠选项。于是，语文课堂上，文学的感情世界渐行渐远，严谨的文化思辨和深刻的生命探寻也如风云飘散……没有“思接千载”，更谈不上“视通万里”，语文能力的高低，变成了选择题的感觉较量，读书的乐趣终熄灭在讲究标准化答案的试卷堆里。当文化的贫血症接踵而至时，语文和语文课就成了蜷缩在仄仄角落里的被嘲笑者。

语文里有什么？生活和人生。孔庆东先生说：“语文就是思想，语文就是生活，语文就是你这个人。”那么，语文课又应该是怎样的？站在厚实的文本中，我肆意地勾勒着，我思想的线条触向空旷与悠远。

可以是一首歌，是罗大佑的《光阴的故事》，或者是周杰伦的《发如雪》。抒情的旋律，剔透的歌词，“春天的花开，秋天的风，以及冬天的落阳”，解释开来就是文学的意象之美；“你发如雪凄美了离别，我焚香感动了谁？邀明月让回忆皎洁，爱在月光下完美”，申发开去便是语言的修辞之妙。

可以是一件艺术品，是凡·高的《向日葵》，在泼泻的黄色中窥见的是一种深埋在灵魂深处的动态世界与自我愿望，然后你知道了什么是选材什么是象征；或者是断臂的维纳斯，在唯美的凝视中触摸文学的空白艺术。

可以抽象为历史的碎片，可以整合成时间的布局；可以是高山的倾诉，可以是依水的沉思；可以咀嚼清晨的霞光，可以感慨黑夜的星星；可以是社会热点的争论，可以是时代风云的浓缩；可以是易中天的讲坛或者刘翔的跨栏，可以是上海的外滩或者北京的奥运畅想；可以是祖母的白发真情，可以是村口的老树枝丫……

一句话，小课堂，大世界。

一句话，大语文，大生活。

是一种风度，是一种气质，是一种涵养。有宽广的文化视野，更有对文化的深细感知和体认。摆脱浮躁之风，拒绝浅尝辄止，揭去浮喧声浪、表面繁华的课堂教学的流行面纱，在阅读中呈现生命主体在文本学习中留下的精神印记。所以，语文课，首先必须是文本阅读课，有琅琅的书声，有真诚的对话，有主动的揣摩，有深刻的反思，有精神的升华。它过滤了冗长与琐碎的分析，它剔除了乏味与枯燥的肢解。它有预设，它更有生成。它紧扣文本，又不拘泥文本，它"不是他者语汇的陈述与叠加"，而是要找到真正的"我的理解"（邓红梅）。它不需要太多的华丽来包装，多媒体课件只能是适时的点缀，视听资料也只能安静地开花。因为，语文课呼唤真实，即使是真实的尴尬、真实的停滞，也是在交流与学习中真实的收获。纯正的语文，纯正的阅读，真情投入，真情感动。阅读求知的有效手段灵活多样，只是殊途同归，都是为了唤醒心灵、走进心灵。

"碧波深处有珍奇"，读着钱梦龙老师给我的教学建议，我努力设计着这样一种语文课堂——大气、简洁、清晰、深刻。有细节之实，有灵动之美，看似简单，实是绚烂至极归于平淡的境界，我就在这样的感召下朝着这样的方向前进。

于是，我看到。

扎根于文本的土地上有一片繁茂的森林，那片森林，叫作语文。

让掌声“真”响起

“语文学习其实就是一个寻梦的过程，走向青草更深处，走向永嘉的山水间，走向更广阔的大千世界，你会获得语文学习更多的滋养。”掌声中，我很诗意地结束了浙江省艺术化语文教学观摩课“山水永嘉，飞翔语文”，开始兴奋在大家的一片喝彩声中。此时，省特级教师朱昌元老师很真诚地说了这样一句话：“这堂课上，肖老师三四次要求学生们给发言同学鼓掌，课堂上的掌声，我想还是要更真实些。”朱老师的语调很温和，可就是这短短几句话却让我陷入沉思，“送”掌声的细节重新泛上心头。

镜头一

师：飞翔是什么？

生：飞翔，是一个蹒跚学步的孩子……跌跌撞撞的……

师：跌跌撞撞的身影，是吧？不是挺好的吗？掌声鼓励一下。

（学生热烈鼓掌）

镜头二

生：我要游遍永嘉。

师：游遍永嘉？

生：对，与诗人谢灵运一样，留一些美丽的诗句给家乡和读者，让他们更了解我们永嘉。

师：爱家乡，爱诗词，两个很好的语文素材，同学们鼓励一下，掌声！

（学生热烈鼓掌）

细细分析这两个镜头，客观地说，适时响起的掌声应该是很具鼓励性和温暖感的。在第一个镜头中，学生用孩童学步来描述飞翔的姿态，很有创意，但表达得有点吞吞吐吐，难以尽其心思，此时的掌声可以帮助他消除意到语未至的尴尬，同时也是对他个性化思考的鼓励。在第二个镜头中，学生慷慨激昂，充满自信，此时的掌声则是一种赞美。这样的掌声既能激发学习的积极性，又能调节课堂气氛。那么，既然掌声应该响起，我的教学细节又错在哪里呢？我想起老师的话："课堂上的掌声，我想还是要更真实些。"原来，鼓掌没错，"鼓"掌则失真。被老师硬带出的掌声，因"鼓动"而失去了它的真实性和人文性，鼓掌最终成了"鼓"掌。浙江师范大学的蔡伟教授会后撰写的一段话同样一语中的："肖老师也许是为追求课堂的氛围，也许是为强化学生拘谨中的放松，有引导学生'鼓掌'的痕迹，学生若能情不自禁地鼓掌，则更显课堂教学的流畅性。"

原来，任何鼓励都应是真诚的、发自肺腑的，鼓掌也不例外。我就曾因一个轻微的掌声而深深感动过。几年前，我在外校开课，教的是柳宗元的寓言体传记《种树郭橐驼传》。因文章说的是"顺木之天以致其性"的道理，反复思考后，我最终定下了"学生自学提问、合作解疑"这样的教学策略，目的是培养和增强学生学习自主性。怀着良好愿望的我走上讲台，才发现学生与我的教学方式之间存在很深的距离感，而我又固执地不愿放弃郭橐驼种树式的教学法，课堂瞬时冷场。终于挨到下课铃响起，在几分落寞和沮丧中，我竟听到教室的某个角落里传来了掌声。那只是一双手送出的掌声，在偌大的教室里，轻微而细碎，可却是那么真实、那么清晰地落在我的心里。是安慰，是鼓励？是支持，是提醒？我没有细想，我只知道，这掌声却成了未来相当长一段日子里让我走出失意的唯一温暖。

真掌声，哪怕轻微，也是一种激励；假掌声，即使热闹，也是一种虚伪。对比两种掌声，再看课堂上那一双双被我硬“拽出”的原本生动的手，在机械地、冷冰冰地做着所谓“鼓掌”的动作，仔细咀嚼朱老师的几句话，我更能明白：掌声，是一种尊重，更是对一个生命的鼓励和肯定，但这样硬讨来的掌声，看似在给课堂制造一份热闹、一份繁华，其实是一种虚假的鼓励，甚至是一种无心的伤害。

新课改后，语文课堂从形式到内容都有了很大的变化。课程改革提倡多鼓励学生，开放的语文课堂更需要掌声：为精彩的发言鼓掌，为小小的进步鼓掌，为战胜自我、敢于亮相鼓掌……因为每个人的内心深处都有一种被肯定、被尊重、被欣赏的需要，真诚的掌声就是表达赞美与欣赏的另一种语言。遗憾的是，当下的语文课堂也不时地传来被要求的掌声。“你真棒！”“好样的！”这样显得幼稚的赞语相对减少了，取而代之的是“给他掌声！”“要不要鼓励一下？”“掌声再热烈一点！”这样暗示性、指令性更强的评价语。然后教室里掌声不断，一派盛世景象。也因此种繁荣，语文课堂上的鼓掌多呈现这样几种状况：不该鼓掌而鼓掌，不是适度鼓掌而是掌声泛滥，不是自觉鼓掌而是被迫鼓掌。于是，掌声一片又一片，一浪高过一浪，似乎掌声的多少就能够代表课堂教学效果的优劣。其实仔细思考，这些随意送出的“失真”的掌声对学生的语文学习并没有多大帮助，有时甚至会产生负面影响，降低语文教学的实效。

究其理，失真的掌声是对课堂、对学生的不尊重。新课程强调尊重和赏识学生，诸多教师也确实放下了架子，改“呵斥”为“呵护”，开始用欣赏的眼光去看学生。只是，一些教师不问学生表现如何，一味地鼓掌表扬学生，并以“尊重学生”自居。其实，这样不假思索地脱“掌”而出，廉价了自己也廉价了同学们的掌声，会让学生变得习以为常，无动于衷，不仅不能对学生产生积极的价值向导，反而可能导致学生浅尝辄止和随意应付。给了不该给的掌声，会使语文课堂失去对学生的公正评价，给课堂教学造成知识错位，使学生难辨是非。试想，当老师要求学生给“愚公移山是对生态环境的破坏”这样的寓言解读鼓掌之时，当课堂的掌声是为发现“《背影》中的父亲爬下月台买橘子违反了交通规则”而响起之时，我们的鼓掌不仅模糊了真实的语文教学，更是在助长学生胡乱弹琴之风。宽容不纵容，呵护要有度。失真的掌声不仅无法激发思维上的碰撞、产生认识上的飞跃，更会让我们的语文教学走向歧途，让我们的学生远离真实。当然，课堂需要鼓励，教师也应该带头为学生鼓掌，也需要引导学生学会为同学鼓掌。只是表扬应适度，鼓掌需真诚，这样的引导鼓掌一次自可尝试，多了就有“鼓”掌之嫌，破坏了教学节奏、淡化了课堂气氛不说，带给学生的也将是麻木和索然，更有可能伤害他们的自尊心，这就与精神慰藉的初衷背道而驰了。

失真的掌声里还有着语文教师的无奈与不自信。课堂上看不到学生情不自禁地鼓掌，说明教学还没有达到能让人主动喝彩的境界，说明老师此时的教技之穷。对比郭橐驼面对满园树木的微笑与自信，我们就能发现自己教学的拙劣与肤浅。一个不自信的教师才会依赖“鼓”掌来粉饰课堂的苍白，来掩盖教学的空洞。那“热热闹闹”的繁华背后，其实是心态的浮躁。真正理解教学、尊重学生的语文教师，能够以学生对知识的理解和掌握为前提，适时抓住学生的“闪光点”，从容自如地在学生心田种下精彩与感动。失去了掌声应有的真诚，也就削减了教学应有的意义。

所以，语文课要让掌声“真”响起。掌声里要有满腔的热情、真诚的爱心，掌声外要有冷静的头脑、审慎的态度。只有变催促“鼓”掌为情不自禁地鼓掌，我们的语文课才能去伪存真，才能蕴有语文的真实质感。

一句话，真语文，真掌声，给所有在语文教学路上真实行走的人，包括我自己。

寻找梅西式灵感

对于梅西，我们早就习惯了，他的第一粒进球来自另外一个星系。

——路易斯·恩里克（巴萨主帅）

难以置信！他实在是太棒了，是真正的巨星，是最好的球员。能和他当队友是我们的荣幸！

——内马尔·达·席尔瓦（梅西锋线搭档）

哇！梅西的魔法！

——大卫·贝克汉姆

这是他职业生涯最精彩的进球之一，对我来说，他就是历史上最棒的足球运动员。

——乔赛普·巴托梅乌（巴萨主席）

有人说梅西需要一个世界杯冠军来证明自己的伟大，简直一派胡言！

——ESPN（美国娱乐与体育节目电视网）

以上是梅西在国王杯上进球后足坛大咖们的精彩评论。

说实话，看了几十年球，印象中除了马拉多纳和罗纳尔多之外，已经很少听到这般五体投地的美誉了。比赛第20分钟打入的这一粒号称“国王杯历史最佳”的进球让我们如痴如醉，右路拿球，先是连续突破3位球员的防守，进入禁区后又轻巧扣过拉波尔特，左脚低射打球门近角得手。梅西令对手的防守策略全部失效，甚至连对手都情不自禁地喝彩！他的进球总是让大家忘了进球对球队的意义，而尽情享受进球本身带给大家的愉悦。

这已经不是单纯的技术了，这是灵感，是意识，是悟性，是禀赋。很难想象梅西坐在教室里接受培训，听一场场足球研究理论报告，写一篇篇反思文章的情景。梅西，全世界的足球理论家都要跪着看你进球！

天才！只能这样来解释！

我突然想到，语文教学是否也是这样？

课堂上的一招一式、一个切入、一个拿捏、一次纠缠、一次突围……其实到了最后，都需要教师去追求“梅西”式的发挥。做任何事情，到了较高境界，讲究的就是悟性。梅西绝不是学院派的，他的飘逸灵动都是一种即兴的神来之笔。比起梅西，C 罗倒更像是经过了严格培训，他的一招一式都带着斧凿之痕。天才球员和勤奋球员的区别在于，勤奋者可以进很多球，教科书般地做个进球机器，天才则在最需要的时候灵光闪现，把足球场演绎成艺术的天空；勤奋者偶尔可以进一个极其漂亮的球，天才则不断制造赏心悦目的射门；勤奋者把足球视为足球，天才把足球看作艺术，小提琴般奏出华丽的乐章……天才一定也是勤奋者，梅西付出的汗水一定也滴满了绿茵场，但是，他不单单依赖机械的进球记录，而是在内心深处融化了足球的所有灵感。这个世界，有些人注定为某项事业而生，比如，乔丹之于篮球，阿加西、费德勒之于网球，舒马赫之于 F1，贝多芬之于音乐，凡·高之于绘画。这些人孜孜不倦，与之匹配的事业也就被他们带上了顶峰。天才是与事业互相成就的。梅西，做到了。

语文，其实是很需要这样的悟性的。而这样的悟性，往往源于你的生活感受、你的独到视角、你的个性思维、你的创造想象、你的课堂捕捉能力。它需要你沉浸在语文教学的世界里，又不能拘泥于语文教学的模式；它需要你努力去阅读、去学习，又不能囿于理论，机械地推进教学。教师对语文教学信息的捕捉，往往是阅读状态下的一种本能反应，它不受某种固定逻辑规则的约束。语文教师不要做资料的搬运工，更不要做教参的复制者，而要深入地读书，读出自己的发现，再与名师大家的精深观点碰撞，找出自己的得失，更准确、更自信地解读文本，从而预测学情、灵动调整，并准确拿捏课堂流程的分寸，这样，进退有方，可攻可守，就可以演绎出自己的精致教学。

教师拥有了语文教学的良好感觉，便可化腐朽为神奇，什么样的课堂都能奏出精彩。语文教学的感觉包括教感和课感。教感是指教师在备课中灵巧捕捉，找到曲径通幽、化一为万的入口，锐眼看出小处隐藏的大天空来：一个词，就是一篇文章；一个标点，就是一次激荡；一个句子，就是一条河流；一个问题，凝成一片森林。以细读先行，将文本内化为自己的生命化言语，面对言语现象，能够直接做出整体性的体会和把握，于一瞬间抓住这种现象的本质，然后直击课堂，架构出教学的桥梁。什么是课感呢？王崧舟老师说："就是你对教学现场的一种直觉，一种当下的把握，一种敏锐而别出心裁的驾驭。""在教学过程中，对于那些突如其来的偶发事件，你能不假思索地、迅速地、果断地做出反应，而且这样的反应是高效的，是巧妙的。"在有课感的课堂上，眼花缭乱中有你的简洁大气，茂盛繁华中见你的灵巧淡定。你若习惯于思考，深刻于反省，不惧怕失败，敢于整合，勇于尝试，智于融化，就会培养出课感来。

细读文本，找寻语文教学的灵感，就能成就简约而丰厚的语文课堂。所以，钻研，汲取，这是悟性的基础。教学灵感的出现，总与某一段时间内教师思维中心的某些线索、链条或环节有关，读书，汲取，集中精力，你就可能获得与你阅读相称的教学灵感。因灵感触发（即顿悟）而悟出新见解，这就是知识经验的升华、思想境界的提升，以及教学创新的表现。它突破了教学的思维定式，冲破了现有观念的束缚，使思维进入新的空间，这是悟性的最好表现。

悟性还要从思考中、从生活中来。常思常新，灵光总在无数次思考后一现。求悟性，你就首先要沉潜到"悟"中。读多了，想深了，理解透了，实践多了，一切便都水到渠成。

真懂语文，你还要学会适时抛开语文。当你在生活的天地中看出语文教学的法则来，你就真有悟性了。张玉新老师说：“教师能在平时积累大量的本专业、非本专业方面的广博的知识，那么这些深层次的积淀也可能由无意的遐想产生出思想的火花。”有的人能写出很多有智慧、有艺术感的教学设计，但到了教学现场却总是无法运用自如，最主要的原因，是他只知固守理论，生活中缺乏语文艺术的潜移默化和自然熏陶。走进山水，山水给你语文的灵感；融入森林，花树给你教学的指引；看落叶，金黄的脉络里有语文的气息；读天空，广阔无垠中自有一个课堂。你把父亲的脊梁看成诗歌，你把母亲的白发写成散文，你用爱向大地致敬，你用敬畏向蚂蚁叩首。语文教学的感觉，不是每天匍匐在大部头书籍里就能找到的。很多时候，读而不化，就只能看着语文教学的灵气离我们远去。

因此，我们要读书，读生活，读自我，读到心里。得之在俄顷，积之在平日。天才离不开努力，在教学上，我们虽难及梅西式的精彩，也要心有所向并努力实践。心里有个境界，教学有个方向，我们的出发才有意义。

梅西，绿茵场上，预约下一个精彩！

我们，语文课堂里，努力塑造自己的一次精彩。加油！

是什么决定了我的语文课

“记住我。尘埃低语。”

美国诗人布罗茨基喜欢引用这两句诗，他一定是在尘埃中认出了自己，这个充盈着生命、情感、欢乐、恐惧和慈悲的个体，这个即便渺小有限也依然丰富精彩的个体。那么，我的语文课呢？多少年后，当那一堂堂曾经倾注过自己灵魂的语文课，被时间和遗忘风干在岁月的角落时，它们是否也会如那从桌上被擦去的尘埃一般，低语着被记忆的需求？经常，我会在抖落一身疲惫后走进关于语文的如此思考中。

是什么决定了我的语文课？

是教参？不错，起初应该是教参。刚走上讲台时，语文课对我来说，就是在课堂上卖力地复制教参。把教参里的每个字抄一遍就成了我的教案，抄得越多我获得的肯定也越多。课堂上，我不敢越雷池一步。我紧紧地拽住这本教参，它已经成为我语文课的全部依赖：背景、主题、写法、课后练习答案……对于教参，我们本该从“参”的角度去使用，去发挥，可是我们总是错误地把教参当成唯一的教具。它让语文素养孱弱的我们瞬时有了力量，有了支撑。无论谁来上课，最后都是从不同角度汇向教参，只要你完全依托这本白色封皮的教参，你的语文教学总差不到哪里去。我在教参上横横竖竖地画线，再把线上的文字挤挤捏捏地灌进学生的脑袋，学生再如此点点滴滴地复制到考试卷上，然后我就可以很满足地微笑。我也曾想在旷野里自由地牧羊，挥舞着的却总不是我的竹鞭。语文，就这样真实而又顽固地贫瘠着，一点惭愧的表情都没有。

是专家？是的，资历的浅薄、学识的浅陋、对深刻美丽的憧憬、对名师好课的敬仰，这一切都使我真诚钦佩于专家们在语文领域中的独有视线。那些儒雅博学、潜心语文教学研究的大师，在我青春的语文教学路上是如此真切地、深深地影响着我。于漪老师的情感滋润、钱梦龙老师的导读教学、魏书生老师的六步教学法……尽管不能与他们站在同一条线上，但我深感庆幸，自己生活在一个能与他们共呼吸的时空。他们甚至不用开口讲课，只需要在我们的目光中一站，就会成为我们教学以及做人的标杆。彼得·基·贝得勒曾经说过："我当教师是因为我生活在那些开始呼吸的人们中间，我有时甚至能感受到他们的气息中也有我自己的气息。"我能从前辈的气息中捕捉到他们对生活、对孩子、对教育、对语文的爱，那种融生命、语文和教育于一体的爱，进而感受到他们的睿智和深厚。我开始模仿，并幻想着接近。渐渐地，我有了我的理解、我的思想。崇拜，但绝不匍匐；尊敬，但不会唯是。我喜欢这样丰厚的影响，它让我找到了真实的方向，获得了汲取后的成长。只是现在，我又会迷茫。在这个功利的、浮躁的时代，越来越多的名师专家踩着风格各异的语文节奏流水般地走过，我不知道该听谁，更不知道该走向何方。最为痛苦的是，我接近了其中一位，就会远离另一位。而当我尽力去糅合所有专家的观点时，我的语文课堂却变得支离破碎。

那该是学校了。很多学校不能够真正理解语文，需要的时候让你搞个唐诗背诵，拍摄几组阅读花絮，美其名曰"书香满校园"，其余的时光多半是将语文遗忘了的。批改、考试、质量分析……语文不是清晨的琅琅书声，不是课堂上的真诚对话，不是黄昏下的凝思遐想，而是幻化成一次次会议、一个个评价、一页页目标和决心，最后浓缩成分数这样一个失血的干枯的东西，它包含的只是这些学校的功利思维和冰冷意志。生动的校园里，语文不能只是国旗下的讲话，也不应该形式化为一尊肃穆的圣人雕像。当我顺着学校的手势去理解我的语文课时，我的语文就只剩下永远搬不走的作业本和考了又考的试卷纸。

或者，是应运而生的各种时尚教学模式？

你无奈的眼神告诉我，决定语文课的还是高考，是升学。分数至上的背景下，语文就是一堆用来比较的数字，就是练习，就是答案，就是背题，如此而已。你考什么，我教什么，你要怎样的答案，我就奔着这样的表述去练习。教得好，不如考得好；教得精彩，不如考得舒坦。约翰·密尔在《论自由》里这样说："人性是一棵大树，需要从不同方向成长和发展，使它成为一个具有内在力量的活生生的生命。"可是在高考面前，语文课堂似乎也变成了"训练集中营"。在这里，人性更像是按照同一种模型组装起来并被要求精确执行命令的机器。于是，语文课堂没有了情感，没有了滋润，没有了质疑，没有了升华，甚至没有了朗读。于是，语文很悲凉地死去，却难以悲壮地活过来……

我不想如此！

该是什么决定我的语文？我希望是孩子的眼睛，是文章的思想，是文字的魅力，是我们的生命，是我们的精神诉求，是我们的灵魂体验，是我们的语文梦想……

那里，有种植，有浇灌，有萌芽，有盛开。

如果这样，我会微笑并幸福着，我会像尘埃一样很自信、很渴求地低语着：

"记住我。"

怎样教语文重要吗

怎样教语文重要吗？好像不重要。

你看，如果把我们 20 世纪 80 年代语文老师的课堂移到今天的教学手术台上解剖，可能多会被判不合格 —— 没有精彩的导入，没有环环相扣的推进，没有充满悬念的等待，没有鲜亮地激活思维的主问题……在我的记忆中，这些，似乎都没有。“生本”“生成”“主体”“建构”“解读”等漫游在当下语文圈里的热词，那个时代似乎都没有。我的老师给我们讲鲁迅，讲百草园里的封建痕迹，讲老山界上的革命火种，讲中国石拱桥里的人民智慧，讲得无比动容，无比真情。我们站起来回答的，多是段落大意、中心思想。老师紧盯着我们抄写、背书，对语言文字的记忆和运用可谓常抓不懈。在老师的讲解（这种讲解现在看来很像是灌输）中，我爱上了文学，爱上了写作，爱上了那些美丽的词句。那时，老师可以脱稿讲一大段精彩的话，他们的表情是如此真诚，绝没有时下流行的煽情。那时的课堂常常是这样的：开始的时候平平淡淡，你觉不出精彩，可是听着听着，被吸引了，被感染了，再慢慢地，你甚至不希望下课铃声响起，你想听出山水、听出风云……在老师的催促下，我忙着做摘抄、做笔记，中学几年，我抄了一本又一本，读了一本再一本。

今天，当我想用时尚的语文热词去辩驳过去承受的语文学习之苦时，我突然发现，就是那样拘谨甚至有些死板的教学，在那个知识贫瘠的时代，给我的现在和未来多少预留了一点文学的气息。现在想来，一个语文老师讲得好、讲得生动，磁针一样吸引学生走进文学花圃去徜徉，是多么重要的人生引领。而今天的我们，内在缺陷明显，语文积淀浅薄，却在大模大样地宣讲语文教学的这方法、那理念，还风风光光地一路张贴自己的贫瘠。浮躁的年代里，人们只着意于粉墨登场的耀眼光环，却难如静水流深般勤做耕耘。我们，其实是在辜负语文的年华。

最重要的是，对于教语文，你准备好了什么？

有时，我很怀念过去的课堂，怀念我的老师一课讲到底的精彩连贯。他如说书人一般，把文章的精髓渗透到你的心里，然后，你会跌跌撞撞地回家央求父母给你买这本书。小学三年级时，我的父亲狠下心给我买来三块多钱一套的《水浒传》，就是拜老师的语文课所赐。如果，今天，我们的讲解能够达到这样的效果，能够激发学生读书的激情，没有这样那样的教学模式、教学方法又能怎样？

教语文，最重要的是给孩子一颗文学的心、一颗神往阅读的灵魂。

语文学习与人生经验密不可分。我常常反思，我的课似乎还过得去，多少能收获几声赞美，可是，我这样的一两节课，真的能带给孩子们什么改变吗？真的在学生的心头种下语文的种子了吗？没有！渐入佳境的语文教学必须是学生的主动阅读，正如朱自强先生所说："在本质上，在语文教育中，学生学习的不是语言，而是学习通过语言建构心智世界的能力。"什么理想课堂，什么生态课堂，其实都不如老老实实打下自己深厚的语文功底，再来切切实实地影响你的学生，让他们真真切切地爱上语文，爱上你的语文课堂。

怎样教语文重要吗？真的又很重要。

如果不重要，如果没有原则，语文教学就会乱，就会失去维护。强调其重要，是希望我们能"将课文深刻的思想内容和学生的生活打通，让他们轻松地感悟课文内容"（李镇西）。于漪老师多次提醒我们："教师须建设教学人生。"她说："为什么我们的课不能刻骨铭心？不能震撼学生的心灵？不能打动他们心灵深处的一隅？就是因为我们往往是泛阅读，是在文字的表面游移。”在个性激扬的年代，我们急于给自己找到一条成名的捷径；在功利的时代，语文教学不可避免地成了某种成名的工具。于是，八仙过海，各显神通，很多人将心思都放在五花八门的个人秀上，各种教法花样频出却不得其旨。我们看不懂语文课，其实是看不懂我们自己的心。我们让课堂充满了斑斓迷离，其实是我们自己在这个世界面前失魂落魄。对语文，对教学，我们缺少冷静的审视，更缺少自省和修炼。

郑逸农老师曾写下过这样的反思：“我与王尚文先生那一代语文教师相比，已经是不合格的了，但我的本科生和研究生，语文水平继续弱化，这样下去，语文教育的明天在哪里？”我看了极其震撼。我读过高中语文老师写的书，语言功底深厚，朴素有内涵，深刻又畅达。再想想于漪、钱梦龙老师那代人，他们学历并不高，可是诗词书画都能信手拈来，气质儒雅，风姿翩翩，襟袖飞扬间都是语文气息，课堂上洋溢着语文教学的智慧。他们有着纯正的教学路径，有着灵活的教学方法，有着真诚的教学理想，而我们这代人的语文基础多是一般，却总是好大喜功，喜欢标新立异。只求外在光鲜，忽视自我修炼，不朝语文内心走，不是针对语言文字去教，不是因着学生发展去教，虽姿态绚烂，终究只能与语文渐行渐远。正所谓“工欲善其事，必先利其器”，正如于漪老师所说：“教课，第一要研究语文和语文教材，第二要研究学生。”“语文教学不仅需要知识，而且需要智慧。智慧的起点就是思考。”只有知道语文是怎么一回事，理解教学是怎么一回事，丰富自己的文化素养、道德情操、审美气质等，砥砺语文教学技艺，深入浅出地教出语文真味，才能慢慢走向心中的语文风景。

迷失了方向的出发，走得再远都是迷路。

怎样教语文不重要，只要你教的是真实的语文；怎样教语文很重要，我们要回归到语文的岸上。

满堂讲固然不理想，但你可先思考，你能讲出满堂的精彩吗？满堂问我们要反对，但你可先思考，你能问出语文的深刻与灵动吗？李镇西老师说得很幽默、很在理：一个真正有学问、有情趣的教师，无论他怎么教，哪怕有时候“满堂灌”，都叫“素质教育”。所有的否定都不能着急，而我们对自己的反思则决不可延迟。陈平原先生说：“语文教学的特点是慢热、恒温，不适合爆炒、猛煎，就像广东人煲汤那样，需要的是时间和耐心。从这个意义上讲，语文说难也难，说容易也很容易。问题在于，心态要摆正，不能太急。”语文教学似山，求一种厚实；似水，讲一种灵动。深刻切题的解读、灵活适合的教学，以及真诚的态度和睿智的思考，都是我们要努力追求的语文教学因子。朝向语文，朝向心灵，我们要张贴的课堂教学标签只有一个——“语文”。

还是做好语文和我们的思考吧，让自觉和忧患成为我们的共同意识！

听听三毛写的这首歌吧，那是我们心里的“梦田”：“每个人心里一亩一亩田 / 每个人心里一个一个梦 / 一颗呀一颗种子 / 是我心里的一亩田 / 用它来种什么，用它来种什么 / 种桃种李种春风 / 开尽梨花春又来 / 那是我心里一亩一亩田 / 那是我心里一个不醒的梦。”

唤起语文教学的灵性

主持《语文学习》杂志“镜头”栏目时，收到了许多《从百草园到三味书屋》的课堂教学镜头来稿，讲的多是“三味书屋”的乐趣。细细品味，感慨颇多。

从捕捉三味书屋的乐趣入手去寻找教学亮点，让我想起了自己初中时学这篇课文的情景。三十多年过去了，鲁迅在描绘百草园时所使用的“不必说……也不必说……单是……就”这样的句型依然熟悉在心底，紫红的桑葚、碧绿的菜畦、低唱的油蛉和弹琴的蟋蟀都已成为挥之不去的记忆，当然，还有我的语文老师一脸痛恨和愤怒的表情。两课时，第一节课我们徜徉在笑语盈盈的百草园中，感受着鲁迅童年时的天真烂漫，第二节课我们胆战心惊地读着鲁迅当年在三味书屋里读的那些拗口的句子，把寿镜吾先生的戒尺想象成封建统治阶级镇压老百姓的武器，想象着少年鲁迅在三味书屋里暗无天日的苦难，然后很自觉地在脸上堆积起痛恨，配合着语文老师声色俱厉的批判：三味书屋扼杀童年快乐，鲁迅字字句句都是在揭露封建教育制度对儿童的束缚和伤害。而今天的语文老师，早已经不满意于如此讲解，而是致力于为孩子们还原一个真实的鲁迅，给文章做出最合理的注解。这些镜头写作能从三味书屋里真真实实的“乐”出发，其实都是让鲁迅的文章回归地气的极好证明。

百草园的自由快乐自然是显而易见的，单单那“短短的泥墙根一带”就有着的“无限趣味”，陶醉着每一个读者的心。色彩丰富不说，声音曼妙不说，形象万千不说，儿童“用手指按住”斑蝥的脊梁等待喷出一阵烟雾的欣喜，“牵连不断地”拔出何首乌毁了泥墙的淘气等，都是那么逼真地写尽百草园的自由快乐，表现了儿童好奇、纯真和快乐的天性，更何况还有长妈妈口中神奇的故事呢。而冬天的百草园“雪一下，可就两样了”，拍雪人、塑雪罗汉、捕鸟，哪一样不是孩子喜欢的事？从百草园到三味书屋，是时空的转换，也是童年快乐时光的定格。但是，当孩子走进三味书屋时，是不是这童年的快乐就完全熄灭了呢？从百草园到三味书屋的距离，是不是就意味从快乐到痛苦的距离？这一时空的转换，是不是就意味着孩子们从童年乐园走进了封建腐朽私塾教育的痛苦深渊？百草园的自由快乐确实可以衬托出三味书屋的枯燥无味，可以对比出封建教育对儿童身心发展的束缚，但是细细阅读，我们更可以看出百草园与三味书屋的和谐关系，它们一样是鲁迅童年生活的一段美好回忆，一样表现了儿童对自然的热爱、对新鲜知识的渴求，以及天真欢快的童趣，而这，也正是文章意境美和韵味美之所在。

还是让我们把目光投向已经被我们读过无数次的三味书屋吧。

百草园自是个乐趣无穷的所在，三味书屋的生活又何尝是样样枯燥乏味的？现在，多数语文教师已经能引导学生从三味书屋的相关文字中找到童年生活的快乐了。无限趣味的百草园是不能天天去了，但别忘记，“三味书屋后面也有一个园”。爬上花坛折蜡梅花，闻到的就不只是梅花的香味；在地上或桂花树上寻蝉蜕，映入眼帘的就不只是蝉的生命痕迹。捉了苍蝇喂蚂蚁更是最好的工作，注意，文章中是用“工作”来形容这件事的认真与神圣的。与百草园相比，三味书屋多了许多的限制，自然要收敛许多的快乐，但这并不妨碍孩子们去寻找和发现新的乐趣，“用纸糊的盔甲套在指甲上做戏”，用“荆川纸”蒙在小说的绣像上一大本一大本地描出甚至可以被有钱的同窗买了去的画，这可是短短的泥墙根一带所没有的乐趣。这样的乐趣又绝对能升华成即使在百草园里也无法复制的成就感。课堂上，放开喉咙读一阵书时的人声鼎沸，先生读书入神时摇头晃脑的陶醉，还有那不常用的戒尺，在多年以后回忆起来都是一种刻骨铭心的温馨。读者也会在忍俊不禁中与作者一起体味童年生活的快乐。谁说书屋无趣味？这样，教师引导学生去关注、去挖掘三味书屋的乐趣，就有了很好的文本依托。三味书屋也由此从“罪恶”中突围，不至于一直背负“封建礼教吃人”这样沉重的骂名行走在我们的阅读视线里。

只是这么多老师都选择这个点来写他们教授此课的精彩，写法雷同，缺乏新意，是不是也暴露出我们老师在授课时阅读不细、思考不深呢？三味书屋经过时光的洗涤慢慢回归到它作为教学场所的功能，我们也都领会到这里同样留下了少年鲁迅的快乐，也沉积着鲁迅很多怀念、很多复杂的情感。只是三味书屋的乐趣与温暖早在名家论说和教学参考资料中腾挪闪现，在网络信息如此发达的时代，大家跟风式地写着雷同的精彩镜头，这本身就是又一种盲从，虽然这样的盲从比起我们的前辈语文老师更合理、更科学、更进步。吴非先生呼吁我们不要跪着教书：“师者脱俗，于是教育脱俗。”“要想学生成为站直了的人，教师就不能跪着教书。如果教师没有独立思考的精神，他的学生会是什么样的人？”三味书屋解脱了，可我们教师的教学并没有真正摆脱跪着的姿态。教参、教案、名师课堂等，都成了真正束缚我们思想的私塾，而我们竟然无知无觉甚至心甘情愿地走了进去。因为跪着，所以我们自己的思想不能站立，我们的课堂灵性全无。镜头捕捉的是你的智慧、你灵光一现的闪亮、你苦思冥想的晶莹，捕捉的是学生在课堂上的成长。它可以是独出心裁的解读，可以是妙不可言的切入，可以是借题发挥的灵感，自然也可以是面对学生质疑时的尴尬或加入学生学习队伍的充实以及发现；它可以是一个标点、一个字眼、一词一句，也可以是一个意外、一个争议。叶圣陶先生指出：“文字是一道桥梁。这边的桥堍站着读者，那边的桥堍站着作者。通过了这一道桥梁，读者才和作者会面。不但会面，而且了解作者的心情，和作者的心情契合。”契合没错，这是我们的语文教学追求，但角度、方向、方式、途径我们都可以有自己的创意。站立在语言文字的大地上，我们更该寻求自己的出发。

三味书屋，我们在感受它的温暖和快乐的时候，也不应忘记其中流露的多样情感。钱理群老师说："鲁迅对三味书屋的评价、情感，也必然是复杂的。……读书期间所培养的艺术趣味，鲁迅其实是受益终生的。但童年最初的成绩却卖给了'有钱的同窗'，'这东西早已没有了罢'，文章戛然而止，但那对三味书屋生活的怀念，对失去的童年的惆怅之情，我们还是可以感受和体会的。"所以，"折蜡梅花""寻蝉蜕"和"喂蚂蚁"……写的都是孩子的乐事，但是细细品味，我们还是可以挖掘出其中的惆怅与伤感，这同样也可以作为精彩教学镜头来呈现。钱老说，可以从"教育学的角度来重读这篇我们读熟了、教熟了的文章，它会给我们许多启示，引发许多感慨。因为，今天中国的'百草园'（自然空间、民间文化空间）已经完全排除在教育的视野之外，而且在实际生活中也处在逐渐消失之中；今天的学校教育，还没有走出'三味书屋'的'只要读书'的教育模式，而且有变本加厉的趋势，以至今天校园里连三味书屋里那位'读书入神'的先生的身影，也已经很少见到了。"形诸课堂，钱理群老师的这段话就是一个很好的语文教学镜头，它重在引申拓展，会让我们想到我们困惑不断的学校和学校教育。那么，从儿童心理学角度呢？甚至我们还可以从儿童文化与学校文化的冲突入手，谈谈儿童教育问题。镜头的写作角度有很多，首先要源于文本、源于文字、源于你思考的心。

当然，你自可以谈三味书屋的乐趣。只是在熟悉的地方找寻风景，你要有颗灵巧的心。李海林老师说过："语文教师一个重要的职责，就是带领学生沉入词语的感性世界。"何为"沉入"？就是不敷衍、不做作，就是求体悟、求咀嚼、求落实，要的是深度，要的是语言文字里的精神。多数教学镜头都是从寻找三味书屋里的乐事入手来引导学生，学生一提到"折蜡梅花""寻蝉蜕"和"喂蚂蚁"等事，教师就立马将其贴上了"快乐"的标签。这样的教学还是浮于表面、未触及学生的心灵的，更不能摇荡出鲁迅裹在文字里的智慧。多读读吧，“三味书屋后面也有一个园，虽然小，但在那里也可以爬上花坛去折蜡梅花”这一句中的两个“也”有何作用？这个问题开口很小，只落在小小的“也”字上，但足以让我们在反复咀嚼中走进鲁迅散文语言的意境。“我疑心这是极好的文章”中的“疑心”一词有何作用？教师可以从这一个词入手，带领大家品读三味书屋里少年鲁迅的那颗疑心。原来，鲁迅开始观察老师了，鲁迅对老师的态度有所改变了，也变得爱学习了。你看，“Ade，我的蟋蟀们！ Ade，我的覆盆子们和木莲们！”这一句决不能倏然间慌慌张张读过，教师要带领学生好好体验，感悟出句子背后的感性世界。钱理群老师就分析得特别可爱：“‘我的’蟋蟀、覆盆子、木莲，而且还是‘们’！而且还突然冒出了德语！这真是太特别了！从来没有人这样写过，而且鲁迅自己也就用过这么一次。这是不可重复的灵感的创造。但童年的‘我’视大自然的动物、植物为朋友的亲密无间的感情，那失去百草园的‘乐园’的沮丧，对未知的三味书屋的世界的恐惧，以及成年的‘我’回忆起自己童年生活的这一灾变所感到的愤激与无奈，都尽在其中了：这真是神妙极了！”这种散文语言的“神妙”，不是走过场式的贴标签的教学就能感悟到的。只有通过反复朗读、比较、体悟来引导学生触摸、感受，鲁迅文字的魅力才能真真实实地存在于学生的心田。所以，即便最熟悉的地方，你也要用最语文的教学方式、最语文的探究方式去行走，这样才能收获最精彩的语文教学镜头。

对于小小镜头来说，可思考的东西很多。“所有的事物都有生命，问题是如何唤起它的灵性。”加西亚·马尔克斯在《百年孤独》里写下了这样的句子。阅读是一种还乡，它需要我们带上一颗真诚的、有尊严的心。语文教学，我们也要有自己的思想。想想当前，滚滚红尘中世风浮躁，还有多少人在读美丽深厚的文章？还有多少人在做有思想、有见地的痛苦挣扎？如果语文教学和语文教师再不灵性地站立，那么，跪下去的就不是一个镜头。

赛课，不是赛车

我们可以失望，但不能虚假。

——艾丽丝·门罗（加拿大作家）

七月成都，第十届“语文报杯”全国中青年教师课堂教学大赛正如火如荼地进行着。

《滕王阁序》《兰亭集序》《祭十二郎文》《报任安书》……一看这些课题就有一种深深的担忧。文言文、经典名篇，又都是较长篇幅，很多语句生涩，单是读准字音、疏通字词怕也要一节课，这一节课又怎么个赛法？既要疏通文句读明白，又要探究思想读深厚，一节课，真能做到吗？

文言文，是中国古代的书面语言，是现代汉语的源头，也是中华文化的承载体。尽管文言文早已与我们的日常生活完全脱节，但为了中华文化的传承和个人文化内涵的丰富，我们必须去学习。只是文言文阅读毕竟有别于现代文阅读，不仅舒缓的文言与快节奏的现代生活不合拍，历史的变迁也使得很多文字变得晦涩难懂。朱自清先生认为学生学不好文言文最主要的原因有三个：一是对古代文言文的语法不熟悉，对文言文中的词汇不了解；二是对文言文中出现的典籍不熟悉；三是囫囵吞枣，不求甚解，不会的问题不去查证。由此看来，文言文的教学首先贵在理解——字词的理解、文意的理解、思想的理解、情感的理解等，因此，必须给足学生时间去完成字词与文意的理解，这是基础。《滕王阁序》虽有“落霞与孤鹜齐飞，秋水共长天一色”这样的千古名句，但更多的还是“披绣闼（tà），俯雕甍（méng），山原旷其盈视，川泽纡其骇瞩”或者“遥襟甫畅，逸兴遄（chuán）飞。爽籁发而清风生，纤歌凝而白云遏（è）。睢（suī）园绿竹，气凌彭泽之樽（zūn）；邺（yè）水朱华，光照临川之笔”这样充溢着大量读音难明、其意难解的骈体词句。天才王勃“一言均赋，四韵俱成”，韩愈“读之可以忘忧”，是读懂其心，但对我们学生而言，首先要解决读懂其意的问题，否则只能越教越忧。至于《兰亭集序》，第一段对于兰亭美景的描写倒是通俗易懂，第二、三段要是不仔细看注解，俯仰之间，读过的文句已为陈迹，更遑论“有感于斯文”。

这些文言课文，在教材编订的时候，都是给足课时的，两课时或者三课时。这保证了我们教学文言文的充足时间，是科学的、合理的。要读，要扫除障碍，要疏通文本，还要“文”“言”并举，非这样多的时间不可。那么，赛课只给出一课时，又是要教师教出怎样的文言文课呢?

也许你会说，那就长文短教，深文浅教。可是再怎么取舍，都得完成基本的阅读理解吧。读不顺，读不通，怎谈深浅理解或长短取舍！你看，大赛现场有老师问学生读《滕王阁序》的第一感受，学生说“拗口”，说“不好懂”，这就证明了学生在阅读这篇长长的美文上存在诸多障碍。怎么办？让学生再读读全文？一字字地阅读疏通？老师不敢，评委在看着，听课老师在盯着，他斗不过时间这个最大的敌人。可若马上再问“作者借此要传达什么样的思想感情”，学生自然只能不着边际地回答。无奈之下，老师只好直接告知答案——“兴尽悲来”，然后硬生生地去找“兴尽”何处，“悲来”哪里。主问题的设计其实很精巧，却由于学生对文本生疏，只好亲自上阵，帮着学生给指出来，否则单就这“兴”“悲”二字就得绕到下课铃响。篇幅长，情感深，语句难，既要宏观梳理，又要咀嚼细节，还要拓展牵引，时间真的够吗？再看《兰亭集序》，第一段写兰亭之“乐”，每个老师都爱教学生赏析这一段的文字，但到后面感受兰亭之“痛”的时候，却多半举步维艰。对于老师幻灯片上的“一痛”“二痛”“三痛”以及王羲之的哲思，学生即便读通了文句，没有足够时间的深思细品也是很难理解的。哎，真难为上课的老师，更难为学习的学生了。这样浮光掠影的学习，多半还是空虚的，犹如干瘪的谷粒，外强中干。

点评老师说得很对，比如要“体现以学生为主体的原则”，比如要“通过对语言、文本的挖掘来挖掘思想之美”，“不要把自己的东西一下子就给了学生”，要“给学生主动质疑的空间”，等等。问题是，这样做势必不能完成整个教学进程，甚至只能完成一小部分。我们自然可以对参赛教师评头品足，可也该想想“一课时”的限定是否也是造成课堂厚度不足的重要推手。对于这些传统名篇，我也听过多堂公开课，那些上得比较精彩的，多数在学生预习上下足了功夫，也就是说，实际上已属于第二课时甚至第三课时的内容。执教这类文言文，即便名师操刀，也会在短短四十分钟里捉襟见肘。再怎么取舍，必要的教学环节都是不能省略的。可以说，很多课其实不是输给了设计，而是输给了时间。

那么，为什么两三课时的课必须在一课时完成，还是如此长、如此难懂的文言文？在有限的一课时内，我们究竟能帮助学生学到什么？这仓促的教学结束后，谁来为这一课买单？

好课的最终落脚点是学生，也就是学生学到了什么，又是怎样学到的。一课时，学生神情茫然地被教师慌慌张张地推着前行，他们真的把《滕王阁序》种进心底了吗？这令我们不得不思考：我们要赛什么？为什么要这样赛？还有没有更好的选择？

朱熹说：“大抵观书须先熟读。”好课一定是学生充分进入学习场的，语文课要引导学生多读，多想。学习文言文首先要读熟，也就是读得准确流畅，才能去揣摩、体味，去品出古代文学经典的醇香。绕过“言”而谈“文”，文言文教学的重心必然偏离。好的文言文课，不仅有在“文”上的润物无声，还有在“言”上的春风化雨。而这，必然要有充足的时间保障。

一个好的语文老师，首先要有一颗尊重的心，尊重语文本质，尊重课堂教学规律，尊重文本，更要尊重学生。吴非老师说:“教育上的‘慢’是客观规律，必须遵守，不能绕过去。就拿上课来说，教师能一跃十步吗?有时看到一些教师的教学，就像是在拼命赶路，总是急匆匆的。”用一课时容纳两三课时的内容，其实是一种超进度的教学。急于赶进度而不顾质量的建筑最易倒塌。教学上除了进度，还要考虑学习内容的深度、学生活动的参与度、思维训练的宽度与厚度、学习活动的效度等。教学要讲究容量，要讲究节奏，这些讲究更是教师执教水平的体现。赛课要展示教师的语文教学艺术、教学智慧不假，更要展示教师对学生的真诚关照。那么，赛课组织者就应该为他们提供利于其发挥真实水平的执教平台，而不是给他们铺上 F1 赛道，让他们违背教学规律去“赛车”。

当然，参赛选手也该从教学的实际规律出发去思考问题。一节课，我能上到哪里，我最多可以上到哪里，全班大多数学生能学到哪里，怎样体现学生真实的学习状态，怎样满足学生真实的学习需求……这些问题，在备课的时候都应该做好思考。设计上求简洁，教学上求实效。该读的读，该背的背，该品的品。实实在在地教语文，真实地去教学，完成和课时、和学生学情相适的教学内容，我想，你会获得更多的掌声。教学绝不应迎合功利的眼睛，别为追求完整而让细节残缺。教学总会有遗憾，如果我们真诚对待过每一个细节，这遗憾，就成了最可回味之处。

“语文课究竟要把我们带向何方?”我总会想起这句来自我课堂上学生的疑问。那个高三女孩清纯的眼神里，流露出止不住的迷茫。她的话很轻，可落进我心里却重如烙铁。我要带他们走向何方?我带他们走向了何方?今天，我也想问，这样的赛课会把我们带向何方?

别总用“别出心裁”去对抗教学规律，也别总用“取舍”去应对我们的质疑。最需要取舍的是我们的心。舍去浮躁，舍去功利，舍去炒作，留下我们对语文教学最真实的灵魂。诚实，是最重要的教学品质。教得真实，学得真实，赛得真实。真实了，我们就不会失望。

请帮我发现我真正的原形

近期读到《做语文教学的追梦者》(《中学语文教学》2014 年第 9 期)一文，作者陈老师在文中写下了自己十六年的语文教学追梦历程。从入门、学步，到知困、求进，陈老师在一次次的磨炼中提升，终由青涩不安走向成熟自信，语文课堂也在她的努力下摇曳出更多幸福的芳香。教而后思无止境，静心反思求超越，陈老师语文教学的转型经历确实给我，也给很多年轻的语文教师以深深的启迪。

文中，陈老师记述了两次参加优质课比赛的经历，也简述了她的课堂基本教学框架。读后，我觉得有话要说。

1999 年，陈老师参加县“教坛新秀”评比，教的是日本作家清冈卓行的艺术评论文《米洛斯的维纳斯》。“我由宋徽宗的藏画《深山藏古寺》导入，并结合西方美学理论的‘缺失性心理体验’和中国传统书画的‘留白’艺术，引导学生从东方人的审美自觉去体悟西方雕塑史上的美学典范。”细读这段文字，我们可以得出陈老师这堂课的教学关键词：深山藏古寺、留白艺术、缺失性心理体验、审美体悟。“她为了如此秀丽迷人，必须失去双臂”，清冈卓行从常人难以正面描写的维纳斯身上升发出了这样崭新独到的观点。而当时年轻的陈老师为了使自己的语文课也“如此秀丽迷人”，便让它“失去双臂”——书画、历史、心理、美学、哲学兼顾，东西方兼具，可谓空间辽阔，内容丰富，但广博之下唯独不见语文。文本被弃，阅读缺失，拓展迁移是有外联无内化，只将文本当成美学教材，“向着无比神妙的整体美”奋然一跃，学生就被引入漫无边际的理解误区。诚然，文本是译文，不少句子艰涩难懂，可供咀嚼品味的语言点看似不多，但即便如此，我们上的还必须是语文课，教学的突破口就应该回到语文教学的根本上来，即走进文本、体味语言。陈老师的课，没有从语文的角度去落实语言训练与思维训练，只注意理解虚实相生的艺术现象，忘却了此课教学要“培养学生解读推理过程比较隐蔽的理论类随笔的阅读能力”这一至关重要的教学目标，将对作者观点的解说当作教学主旨，只做对“残缺美”的美学解析。语文课堂的美虽在，但依旧残缺。如果说维纳斯失去双臂是一次借舍弃部分来获取完整的偶然追求，那么，这节课正相反，是一次为获取部分而舍弃完整的教学之旅。

可是，“这堂课学生感觉很新颖，很兴奋”，“课后好评如潮，我获得了第一名”。

2001 年，陈老师参加市优质课比赛，教的是《哀江南》。“课前我精心选取了吕思勉《中国通史》、黄仁宇《万历十五年》、梁启超《中国韵文里头所表现的情感》中的相关语段作为辅助材料印发给学生，课上让学生在研读文本、赏析词曲文辞之美的基础上，讨论明末清初知识分子民族主义的爱国情怀，并配上学生自己改编排演的视频，以让学生对文本有更直观更真切的理解。”字字句句都显示了陈老师的备课苦心，“让学生在研读文本、赏析词曲文辞之美的基础上”这行字见证着她语文教学观念的进步，但客观上讲，在获得第一名的两年后，陈老师还是没有走出语文教学的思维误区。让学生对文本有更直观更真切的理解的，不是如此多的文化背景材料，也不是鲜艳生动的视频资料。叶圣陶先生曾说过：“语文本是一门读的学科。”阅读教学的根本在于研习语言，反复诵读，让学生频频与文本、与语言接触，这才是教学正道。至情之文《哀江南》字字看来都是泣血，梁启超称之为“哭声泪痕之书”。陈钟樑先生在点评《哀江南》一课的教学时曾说：“语文课应该通过辨‘词’析‘字’，把隐含在曲词中的‘哭声’与‘泪痕’揭示出来。……我想，读这篇《哀江南》，如果没有咬文嚼字的细腻，大而化之，又怎能感悟它的精髓呢？”走进文本的语言深处，最朴实也是最有效的手段就是读，读其义，读其理，读其情。欣赏戏曲语言，尤其是欣赏曲词，一要反复诵读，体会曲词的抒情性和音韵美，二要仔细揣摩，体会语言的准确、生动、形象。太多的辅助材料只会剥蚀学生的初读体验，演出视频更是挤压着学生本就不多的阅读时间。没有对《哀江南》的深入品读，一切语文活动都无从谈起，即便勉力行之，也是浮泛不实。

可是，“这堂课给人耳目一新的感觉，我获得了一等奖”。

从陈老师的文章中可以看出，她最想追求的是语文教学的“新”，这也是很多青年教师迫不及待要摘取的光亮。他们不想囿于传统，积极开拓创新，但因为刚站上语文讲台，对语文、对教学的理解尚浅，过分倚重形式多样的活动环节，只求场面上的热闹，再加上急于证明自己的心思，就很容易迷失语文教学的本真。这也很正常，一路走来，我们都曾走过这样的弯路、这样的迷茫。但问题是，这语文味明显不浓甚至缺失的两堂课，怎么都获得了一等奖？这样的一等奖带给陈老师的究竟是什么？

我相信，有一段时间，陈老师很可能因为这两个一等奖而看不清自己，很可能自得于其中而觉察不到自己教学的错误。你看，在获得一等奖后，陈老师是这样的快乐和自信：“我自得于新颖的课堂学习模式的采用、丰富而极具思想性的阅读材料的引入，以及学生对我的认同和喜爱。”没有人告诉她，这里其实很有问题，你必须回归到语文教学的真实起点。李镇西老师说：“语文课不是‘文化讲座’，不是‘生命教育’，一切自以为‘独到’‘深刻’的‘挖掘’与‘一针见血’‘鞭辟入里’，都不过是教师的自言自语。”再鲜艳的课堂不论如何繁花似锦，如果没有朝向语文学习的路径，其实都是枯萎。听课、评课、赛课，一个最基本的原则是让选手通过课堂教学真正提高教学水平，那么给他们一个真实的评价就很有必要。评出等级或者名次是为了让教师看清自己，读懂课堂，理解教学，然后再次出发，做语文教学的真诚的追梦者。没有含金量的第一名确实给了陈老师“快乐和自信”，但这种自信其实很盲目，它遮蔽了陈老师对课堂的真正认识，让她陶醉于这样的“耳目一新”中而走进歧路。语文课，就是老老实实地教会学生读书。这“老老实实”无时无刻不在提醒我们要发出真实的声音。只要真心，当头棒喝也是一种扶持。优质课不优也不是啥大事，但把不优甚至走错路径、亟须拯救的课当成优秀典型、树立标杆就是个大事，它意味着，我们会给很多后学者错误的暗示，让他们以为语文课就应该这样上，为求鲜艳、新颖就可以抛弃语言，甚至脱离文本。若是如此，错莫大也。

幸运的是，陈老师终因勤勉、颖悟和名师的指点转到了语文正道上来。“无论哪种路径，语言都是不可逾越的‘门槛’，语文教学终究要回到语言的原点”，突显语文学科特色，回归语文教学本真。正是这最朴素的语文教学立场纠正了以我为主的教学理念，促成了陈老师的华丽转身，帮助她稳稳地走在语文教学之路上，迈上了一个个新的台阶。只是，当我们为她鼓掌喝彩时，是不是还能想起她走过的弯路、她误入的歧途？

真语文，还得真评价。真选拔，还要真名次。艾丽丝·门罗说：“我们可以失望，但不能虚假。”一个不当的奖励会迷失前方的星辰，一次真实的落后则会催放一路的花香。很多行走最后难以抵达目的地，不是因为体力不足，而是因为方向错误。缺失标准和原则的评价，不利于讲课者发现自己的优点及不足，甚至会导致语文教学水平的隐形下滑，也是对这浮躁功利的时代的一种无意迎合。语文课就是语文课，其根本任务是培养学生运用祖国语言和文字的能力。教学是一门求真的艺术，教者和指导者都要有冷静、清醒又真诚的语文视野。“如果发现了真正的原形，我对此无法再持一丝怀疑而只能相信时，那我将怀着一腔怒火，否定掉那个真正的原形，而用的正是艺术的名义。”《米洛斯的维纳斯》里有这样一句话。

那么，请帮我发现我真正的原形，以语文的名义。

语文的表情与眼光

“老师，昨晚女儿作文课回来很兴奋，说是得到了老师的肯定。她是个心思细腻敏感的孩子，一直以来老师对她的学业影响非常大，她对老师的情感往往决定了她对课业的喜好……恳切拜托老师继续给予孩子关注，作文成绩提高多少倒是其次，我特别希望孩子能够拥有明朗的内心和表达的乐趣。如果有您的阳光，我想孩子一定会变得灿烂和自信起来。谢谢老师！”

读完这条短信的清晨，小镇还下着春雨，时而淅淅沥沥轻柔缠绵，时而急急忙忙酣畅淋漓。我站在窗前，凝视着远处的树、近处的草，它们全都在雨的滋润下欢欣地生长着。我很快想起了那个女孩，她就坐在第二排，话不多，眼眸里常有亮亮的期盼，仿佛春雨中青草上滚动的水珠。她写文章极喜欢用短段落，就像春天的雨在田野上四处跳跃一样，灵动但又容易逃逸主旋律。我并不喜欢循规蹈矩的文字，虽然我也会告诉她要写得厚实一些，可我还是想夸奖一番，那字里行间的灵气是我们怎么教、怎么讲也印刻不上的，我相信她能写出好文章。“你对语言文字很有感觉，我觉得很好。”我淡淡地夸了一句，却未料到于她，竟然是一场滋养心灵的春雨。“现在看到孩子受到您的鼓励后那副兴高采烈的样子，作为母亲的我真的是特别开心！”这场春雨，甚至润泽了一位母亲，欢乐了一个家庭！

曹文轩在回忆他的语文老师的时候，总会念及那个有月的夜晚。他说：“那个夜晚是我一生铭记的。没有那个夜晚，就没有我以后漫长的人生的道路。”昨晚的天空是否有月亮，我未曾关注。我轻描浅说的一句赞词，却成了女孩一家难以忘怀的月亮。我突然不安起来，还多少有些愧疚。

这条短信，我读了好几遍，渐渐地，我读出了“语文”来。

语文的表情，是阳光的。语文不仅是交际的工具、思维的工具，还是丰富精神世界、提升文化品位的工具。语文学习过程中，学生在学习、揣摩、品味、吸收一篇篇文质兼美的好文章的语言的同时，会受到其中丰富的民族精神、人文思想的影响和熏陶。语文可以帮助他们接受审美、伦理、文化等各个方面的熏陶和教育。所以说，语文，和生命的关联最紧密，它不仅成就并持续滋养了我们的听说读写，还滋润了我们的精神生命，让我们朝向健康、道德和崇高。语文学习，最终指向我们的生命成长，影响着我们的灵魂发育。北京大学陈平原教授甚至认为，一辈子的道路取决于语文。他说：“对于很多老学生来说，语文老师比数学、英语或政治老师更容易被追怀。不仅与课时安排、教师才华有关，更与学生本人的成长记忆有关。”也许学生在多年以后追怀时，想不起当时语文课堂的教学流程和教学设计，但生命旅程中却必定会镌刻上语文老师的人文情怀和教学魅力，那留在记忆深处的语文，最终化作了精神的血液和生命的基石。虽然我们多次强调不能将语文课夸大拔高为政治课、思想课，但不可否认的是，语文课，最能让我们变得高贵、善良和丰富。阅读，要从文字理解走向精神贮存。真正的语文学习最后都会有灵魂的参与，语文之旅必定会带上人的自我发现和自我成长。在庸俗化、商品化、功利化的文化环境里，在喧嚣浮躁、云谲波诡的时代氛围中，我们更需要用语文把生命引向阳光。借助这位母亲期盼的话语，学语文，为的是“拥有明朗的内心和表达的乐趣”，为的是让生命变得“灿烂和自信”！

语文的眼光，则是要落在语言文字上的。语文教学，说到底，就是培养擅长阅读、思考与表达的读书人。女孩的母亲说“作文成绩提高多少倒是其次”，她看重的是“孩子能够拥有明朗的内心和表达的乐趣”。这“表达的乐趣”是什么？就是语文学习的基本任务——通过各种训练，培养、提高学生运用语言文字的能力。海德格尔说：“语言是存在的家，而用此语言说话写作的人则是这个家的守护者。”语文课程是一门学习运用语言文字的综合性、实践性课程，教语文，就是教学生学习和运用语言文字。于漪老师说：“语文课就是语文课，须把握它的本质属性，在语文知识教学、语文能力训练中贯彻人文精神，以培养学生，收潜移默化、春风化雨之功效。”可见，教语文，必须基于语言进行教学，思想教育、文学教学和知识教学必须在听说读写的语言教学基础上进行。我们常说的“揣摩”“感悟”“涵泳”“体味”，其实都是在强调对作品的感受和感动，强调真正走进作品。让孩子拥有“表达的乐趣”是在提醒我们，要用语文的方式教语文、学语文，让语文教学回归本体，在语文课堂中培养学生运用语言文字的能力，全面提升其语文素养。而这“乐趣”，就应该包含在我们的语文教学艺术和智慧里了。曹勇军老师说：“我们不仅教语文，而且寄居在语文之中，以个人的方式体现语文，让自己成为这门学科。”寄居在这样的语文课里，师生彼此都有了阳光，有了乐趣。

我很能明白这位母亲的心思，就像我能明白雨中静默的小树一样。在季风的吹拂下，不论他们的成长姿态是昂然而立，还是自由摇曳，只要健康、明亮，就好。我想象着女孩蹦蹦跳跳地闪到母亲的眼前，如歌唱春天般描画着她的月亮，我就觉得，这个五月，我有很多事情要去好好做。

安静下来，我们要有阳光，语文的阳光！

这个时代，关于语文的言说很多、很杂，我们很容易在各种理念和模式的碰撞中模糊了语文教学的形象和姿态。很长一段时间里，我囿于喧杂的争论而四顾迷茫，可今天，这位母亲却借助朴素的感激让我顿悟了语文的表情和眼光！曹文轩先生曾深情地说：“我们应当对语文老师充满敬意。全世界都应当如此！”在这条温暖质朴的短信面前，我想的是，我们拿什么赢得世界的敬意！

想着想着，雨不知不觉停了，阳光洒了下来。清澈的大地、一碧如洗的天空、生动的草木、我们的语文，这个世界充满了生命力和思考力。

老老实实地教会学生读书

“老老实实地教会学生读书。”

这句话，是钱梦龙老师说的。

最初，我把钱老师说的这句话写在笔记本上的时候，多少有些嘀咕。它是那么简单，那么直白，就像愚公随手挖下来的土石。今天看来，这样一句看似素朴、浅显的话语，蕴含着语文教学多么丰厚的内涵和哲理，尤其在喧闹芜杂又亟缺语文水分滋养的当今，这句话更让我醍醐灌顶。金声而玉振，这是钱老师数十年语文教学思想返璞归真后的智慧凝结。钱老师追求的语文课堂，是“语言学习和人文教育不着痕迹的自然融合”的课堂，是“学生在教师的鼓励下进入文本深处，在理解、品味语言的过程中，领略祖国语言的精妙，进而建构文本的意义、积累必要的知识、获得审美的愉悦”的课堂，是着眼于“帮助学生学会阅读”、帮助学生实现发展的真实的课堂。其途径，有且只有一条，即“老老实实地教会学生读书”。

这简单的一句，有四个关键词很值得我们语文教师深思。从后往前推，我们来依次细品。

“读书”，是钱老师强调最多的一个词。语文课说到底就是做读书的事情。读书，才能发现语言；读书，才能感悟语言；读书，才能理解、品味语言。林语堂先生曾这样批评当年语文教育的几个怪现象：一是“所读非书”，二是“无书可读”，三是“不许读书”，四是“书读不好”。这种现象在今天依然严重。学生不读书，教师不读书，语文课不读书，生活中不读书。语文课上，教师或进行功利的应试训练，或花枝招展地播放影音，或浅表式、碎片式地伪阅读，离真正的阅读越来越远。而要扭转阅读远离甚至消逝的现状，语文老师及语文课堂就必须引导学生学会读书。语文课必须以语言为核心，以语文学习活动为主体，以提高学生的语文综合素养为目的。语文素养的形成必须依靠读书来完成。语文老师首先要会读书，如钱老师说的那样，“每教一篇课文之前，我总要先反反复复地读，一直读到确实‘品’出了味儿，才决定怎样去教”。备课要想着教读，“我在备课的时候，首先考虑的不是自己怎样‘讲’文章，而是怎样鼓励学生自己‘读’文章”。读书，是语文教学的基本目标也是基本方式，学生的语感是在对范文反复诵读、涵泳、品味中逐步形成的。钱老师在执教《愚公移山》时，之所以能实现让学生理解文言字词这一目标，靠的就是指导学生读书：读出了“年且九十”的“且”，读懂了“始龀”中的年龄，读懂了“遂率子孙荷担者三夫”的省略句式。多给学生读书的时间，钱老师经常这样教导，“读书”二字，我们都得再好好读透。

第二个词，是“学生”。钱老师在提到他的《愚公移山》一课的由来时，说了这样一番话：“我始终认为‘教学’的宗旨在于‘教会学生学习’，因此教师必须致力于培养学生的自主意识和自学能力，使学生学到一辈子有用的东西。”这也就发展成为“三主教学”中的“学生主体”论，且位于第一位，“因为在我的教学中，首先确认学生是学习、认识的主体，学习是学生的学习，认识是学生的认识，教师是不必代替也不能代替的”。在钱老师的课堂上，“几乎每个学生都真真切切体验了一回做学习‘主体’的快乐”。还是《愚公移山》一课，钱老师从不自己给出答案，都是引导学生自主思考、主动阅读，进而找到答案。教学都是看菜吃饭、量体裁衣地进行，字词教学、人物关系解读、“愚”与“智”的讨论，都基于教学对象的实际知识建构及需求。《故乡》一课，问题全是学生提出的，又是学生在讨论中自己解决的。而导读，则是学生在教师指导下进行的自主阅读，这也与新课程理念相符合。

第三个词，是“教会”。注意，不仅仅是“教”，而且要走向“会”。这就要求教学要追求实效，要给予方法。钱老师熟谙叶圣陶先生的语文教学思想，对叶老“教是为了达到不需要教”这一教育名言极为推崇也努力实践，这也有了“训练为主线”的语文教学观。自读式、教读式、复读式这“三式”就是从操作层面对学生学会探究、学会讨论、学会参与，最终学会阅读所做的指导。“学会”，才是提高学生语文素养、增强学生语文能力的最真体现。《诗》云：“伐柯伐柯，其则不远。”教学就是递给学生一把伐木的斧头，这就意味着不能强行灌输，而要通过训练和实践，发展和提升学生语言的感悟和运用能力。

最后一个词，是“老老实实”。这是态度，也是语文教学的方法，在语文教学乱花已经迷人眼的今天显得尤为重要。“我教的是语文”，“我的所有教学活动都应该有助于学生正确、熟练地理解和运用祖国的语言文字”，钱老师老老实实地这样说，也老老实实地这样做。课程意识助他定向，教学理念助他得法，长期践行助他生慧。他上课最关心的问题是“学生是通过怎样的途径进入文本的”，他更重视指导学生自己发现问题、提出问题，让学生学会“咬文嚼字”，实实在在地引导学生在阅读中理解、咀嚼、品味文本语言。老老实实不是拒绝时尚，而是不让语文被异化、被扭曲，这体现了语文的学科尊严和教师的教学坚守。让语文走向语文，用语文的方式教语文，老老实实，是在守住语文教学的魂！

当我回过头来看自己走过的路，那弯曲的、迷茫的、浮沉的、直至今天还算清晰的路时，我很感激钱老师这大地一般朴素又深刻的话语。语文教学，就是老老实实地教会学生读书，别无其他。

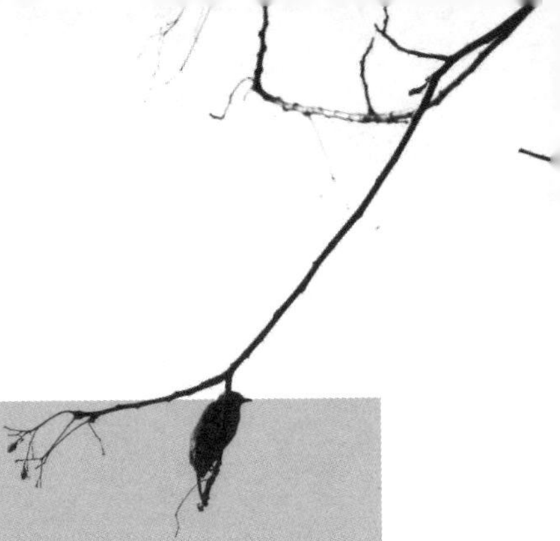

第三辑

没有难上的课，只有不悟的心

1

真教语文，教真语文。

2

读书，为了更好地归来。

3

学无止境，教无止境，思无止境，语文无止境。

4

真实，灵动，大气，细腻，我的语文教学追求。

5

每天留点时间对话语文。

6

当优秀成为一种习惯，教学就有了境界。

7

语文教学从哪里出发？语言，学生。

8

眼中有学生，心中有未来。

9

不要忽视自己的能量，你只是没有做好激发和开掘。

10

你不能只用激励和赞美来推动自己。

11

所有的站立，都垫着清醒和谦卑。

12

融，是最好的教学悟性。

13

教学就是唤醒——文字，思想，生命，灵魂，我们和我们的语文。

14

课堂上所有的问题都是你的。

15

有遗憾的语文课堂最真诚。

16

你在上课，你又在听课。

17

未经凝视的教育是毫无意义的。

课堂，应从徘徊走向突围

《赤壁赋》的教学，罗老师的设计颇具匠心。开场便在黑板上很漂亮地写下了甲骨文的“月”字，然后充满激情地赞叹苏轼写月无人能出其右，并列举了苏轼诗词中的“月亮”，接下来要求学生找出《赤壁赋》中含“月”的句子并谈谈体会。学生有序地一段段找出，老师也一句句地分析，从“月出于东山之上，徘徊于斗牛之间”的月之“徘徊”谈到末尾苏子辩证谈月，最后水到渠成地阐述了苏轼从本我到超我的一次心路突围。整个教学过程行云流水，课堂学生发言积极，找点快速，见解也颇为贴近教师所期待的方向。听课者多有赞美之词。

这流畅的教学流程，顺则顺矣，可我总觉得少了点什么。追溯这节课的教学流程，方知在无障碍的自如运行间，少了点课堂教学的起伏波澜，少了点自主学习的苦苦思考，少了点“山重水复疑无路”的茫然寻觅，少了点“柳暗花明又一村”的意外之喜。一切都被紧紧地拽在老师的手中。我凝视罗老师的板书，关键词“徘徊”与“突围”赫然在目。赤壁的月光下，我们看到了苏轼“徘徊—突围”式转身瞬间的心灵挣扎和豁然感悟，那么，我们的语文课堂也应追求“徘徊—突围”的教学过程。

纵观此课教学，课堂的切入点撇开了大众化的“情感”而转向个性化的“月亮”，文本主旨的探究则以弗洛伊德的“本我到超我”论代替人云亦云的苏轼从失意到旷达的精神轨迹，应该说，罗老师对《赤壁赋》的教学设计很有想法，新颖别致，让人耳目一新。学生在老师的提示下，找月亮，评月亮，最后教师月隐旨成，“东方既白”。但是这所谓的行云流水，其实正缺少了课堂教学最富魅力的徘徊式的曲线之美。郑金洲教授就不赞成这种“行云流水”的课堂。他认为:“行云流水般的课堂其实是一种非常态的课堂，学生在课堂上走得跌跌撞撞、步履蹒跚，时而雀跃，时而深思……才是课堂的常态。”其实，高明的课堂是存有一种行云流水之美的，但是这种行云流水，是常态下的行云流水，它不应是直线型的到达，而应呈现出曲线之状。不求顺流直下，但要百转千回。让阅读教学过程成为一个真实的、渐进的、多层次的和多角度的非线性序列，让学生在教学场中品尝徘徊式的挣扎——思考、讨论、表述、争锋……然后在老师的引导下发现罅隙、寻得光亮，获得突围的快感，最后融进语文的大海。

赤壁的那一轮明月让苏轼完成了从本我到超我的一次突围，这种顿悟时的突围固然令人肃然起敬，而那挣扎中的徘徊更让人难忘。我们的语文教学也是如此。王国维先生认为，做学问既要“入乎其内”，又要“出乎其外”。给课堂一个“徘徊”的过程，其实就是让学生充分体验“入乎其内”的痛与快乐，而跌跌撞撞、步履蹒跚后的“出乎其外”才会更贴近课堂教学的本来面目，更能激发学生的参与热情与活力。因为在课堂教学过程中，学生不但是文本意义的被动接受者，更是文本内涵的主动建构者。这样，我们的语文教师就需要设计出有“徘徊”感的问题，制造出一个适度的教学场，让学生在学习过程中去积极思考、深入探究。教师的课堂提问要设置适当的深度和广度，这样，教学场才会产生相应的内张力。作为年轻教师，罗老师是个很有教学匠心的人，他摆脱了“乐悲喜”的情感脉络，另辟蹊径，走进赤壁的溶溶月色。但遗憾的是，赤壁之月并没有完全照亮学生的学习心田，课堂呈现的多是“学生找月—学生评月—教师析月”的水到渠成，学生多是在对教师广博学识的膜拜中被动接受，没有质疑，缺乏讨论。究其原因就是教学问题的设计欠缺“徘徊”的质感。

十月于无锡听课，是初中《记承天寺夜游》的同课异构，同样是苏轼的作品，依然是美丽朦胧的夜月。一位教师要求学生找出课文中描写生动的句子，学生读一读，教师指点指点，另一位教师则以“______ 的月色”为题，要求学生深读文本后填空。学生在细读深思后畅所欲言，补充了诸如“朦胧”“伤感”“失意”等描写月色的不同感悟，一番讨论后苏轼复杂的内心就有了依托。与前者的顺畅而单一相比，后者多元而升华，“徘徊—突围”的非线性流淌更有教学之效。那么回到罗老师《赤壁赋》的课堂，怎样设计才能做到“入乎其内，出乎其外”呢？教师在点出“月”这一教学切入点后，不妨让学生读读这些写月或含月的文句，深入文本，再追问学生：“从赤壁之月中，你读出一位怎样的苏轼？”“客人之月与苏子之月，是否是同一轮月亮？”也许这样的问题更有利于学生“入文—出文—升华”。

当然，徘徊不是盲目乱窜，不是如堕云里雾里，而是让学生在教师的注视下、在课堂的空间中、在文本的字里行间辗转思索、讨论互动。思考不是漫无边际，讨论不是隔靴搔痒，互动不是散漫放纵。徘徊有场，徘徊有序，徘徊有度，徘徊有解，唯其如此，思索后的豁然开朗才弥足珍贵，突围，就成为一块奠基语文学习的丰厚基石。

俯下身子是最美的

“这些孩子好小，我都要俯下身子和他们说话。”望着台阶上蹦蹦跳跳的孩子，厉毅很是感慨地说。是的，俯下身子和他们说话，这个姿态最美。

浙江省台州市玉环实验学校，阳光灿烂。厉毅，《我的老师》公开课。

几年讲台站下来，厉毅上课老练了许多，站在学生中间很像一位邻家大哥哥，亲切又洒脱。他没有急于入题讲解，而是先让学生背诵两首古诗。琅琅的读书声传来，教室里就不只洒满阳光，还荡漾起微风。微风化作轻微的涟漪，在课堂上空轻轻起伏。“我是漂洋过海来看你们的，上《我的老师》，我觉得有难度。”开场自然，真切。

“为什么作者觉得蔡老师最难忘？”厉毅这样提问。

“给了我很多帮助。”孩子回答。

“能具体一点吗？”这句追问很重要。

“暑假睡觉还会爬起来找老师。”“从来不会打骂我们。”“她是一个很温柔的人，爱我们。”你听，孩子们回答问题，像极了文中的魏巍。厉毅站在学生的身边，俯身听他们的回答，他微微弓起的背，像一座桥，架接到孩子的心灵深处。

“在第九段里，在一个孩子的眼睛里，她慈爱、公平。”一个学生回答。

“你的回答和其他同学不一样，你能准确指出答案在文章中的位置，这会让其他同学快速找到文本依据。”厉毅的这句评价让我感到很欣慰。教语文还是要有点悟性的，自己会琢磨了，很多感觉就找到了。教师要想对学生的回答做出最有效、最科学、最合理的评价，“听”是一门功夫，听后迅速组织语言应对也是一门功夫。厉毅的反应准确到位，这表明他在认真听学生回答，接收信息后又进行了最迅速的反馈，这是一个成熟教师应有的品质。

俯下身子，你才能听到最真诚的声音；俯下身子，你才能感动于孩子的每一句回答，甚至从每一个破碎的言词中你都能捕捉到最清晰的心理感应；俯下身子，教师、学生、文本之间，就有了最平等的对话。

“‘现在回想起来’，来，我们一起读读。”俯下身子，回归文本。

“‘她是一个温柔、美丽的人。’我们就来说说这个‘美丽’，作者是怎样描述的呢？”

“榆钱大小的一块痣，在右嘴角边……”

…………

课堂就沿着“美丽”出发，往纵深处前行。

“‘仅仅有一次’，那不是和前面‘从来不打骂’相矛盾了吗？”这句提问，比我教这课时有水平。

“老师，她没有真打，你看，‘轻轻’‘好像’‘落’……”

“再找找看；什么地方可以表现‘不打骂我们’？你再读读。”这句“你再读读”是一个很积极的教学信号，于是“边”字就被发现了，对语言的评析、对文字的咀嚼就得以真正地深入了，蔡老师的疼爱和嗔怒之态也就显现出来了。

美，是在文字中感受出来的。语文教学的核心是品味语言，俯下身子，不仅为了面对孩子纯真的目光，也是走入文本深处必需的姿态。教学，不是教师高高在上，用大而空的思想去架构课堂，而是俯下身子，在每个细微处、每个不易被察觉的字眼里寻找入门的密码，带学生在文本的言语间徜徉。这一点，厉毅在努力实践着。

“蔡老师是教什么的？”厉毅的这个问题提得也很有想法，很奇妙。不信，你听听学生的回答：“教音乐的。”“舞蹈。”“诗歌。”“教国文的。”

这个问题，很巧妙地引导学生走进蔡老师灵活丰富的教学艺术中，去感知蔡老师的博学多才。听到这，我就在想，今天，我们该怎样做一名语文老师？那么多年过去了，魏巍还能记得老师带他读诗的片段，甚至那句诗歌“圆天盖着大海，黑水托着孤舟”还能深深地嵌进心里。这该是一位多么成功的老师啊！我们呢？我们能把一个教学镜头、一首诗歌如此镶嵌在学生的生命记忆里吗？想着想着，我不安了起来。

“在课外的时候”“在假日里”“爱用歌唱的音调”……慢慢地，蔡老师走进了孩子们的心里，也走进了我的思想中。原来，俯下身子不只是一个课堂教学的姿态，更是一种爱的表达。爱，就意味着教师会自觉地把自己镶嵌在学生所有的时光里。俯下身子，重获一份自足的童真，是一颗真正成熟的心在经历人世沧桑后的返璞归真。

“最难忘”是这堂课教学的主旋律，厉毅尝试从各件小事中引导学生感受蔡老师最令人难忘之处。

在这里，我得给厉毅提个醒。教学，是教与学的结合，课堂上教师既要带着学生走，还要放手让学生自己走。虽然在《我的老师》里，魏巍回忆了多件小事来怀念蔡老师，但在课堂上我们却没有必要带着学生细细品味每一件小事。教师只有教给学生鉴赏的方法，让他们自行探究，自主学习才能发生。厉毅在这时可以这样做：以“蔡老师假装发怒”为例，引导学生学会品味语言，然后放手让学生自己品味其他事例中的语言，不用每一步都和学生共同探讨或者刻意引导。我很想看到孩子们的手争先恐后地举起：“老师，我来说这事！”“老师，我从这个词里感觉到了……”所谓教学，就是先教后学，课堂上，教师一定要注重学生的学习主体性，教会学生读书。美国教育家布鲁巴克认为：“最精湛的教学艺术所遵循的最高的准则就是让学生自己提出问题。”教师的教是学生顺利习得方法进而获得知识的关键，而学生始终是学习的主人，占学习的主体地位。握紧的手，总有松开的时候。俯下身子，还要适当站起，在一旁注视，看他们走向远方。牵手，是爱；放手，是期待。

…………

“除了学习之外，蔡老师在生活上也帮助了我。找找看，她还有哪些举动让我难忘？”难忘的不只是这些事，而是在这些事情中，蔡老师自然而然流露出来的爱。

“‘我的老师’，要从‘我的眼光’去看，那么老师是不是只偏爱我？能不能找出一点根据？”这个问题问得也很有技巧，“我们”这个词也就浮出了水面。

“像这样的老师，我们怎么会不喜欢她？”

“如果是偏爱我，会怎样说？”人称的自然转换，设置得很巧妙。

“如何写？我们再来想想。这七件小事，是不是平均用力？”

…………

我惊喜于厉毅问题设计之精妙，又觉察出他的课堂虽然精彩，但节奏单一，都是在一个个的转换中推进的，整堂课几乎都保持着同一个频率，可以说，厉毅在教学节奏的把握上还需要学会变化处理。那么怎样做到张弛有度、快慢有序、动静相宜呢？你看，“为什么后面要详写那‘一件小事’呢”这个问题似乎难住了孩子，那么，不妨就交给他们自由讨论一下，不要急于得到答案。安静地阅读，冷静中探究，甚至课堂的低潮其实都是有效教学的一部分。

“找老师做什么？”“你觉得这是珍宝吗？”“标题中没有‘蔡芸芝’的字样，为什么？”几个问题之后，课堂在感动中结束。细细思考，厉毅还必须把教学问题整合精当，让主问题更明确。你看，最后的几个小问题其实个个都精彩，但太多精彩的小问题，一样会让课堂变得琐碎。这堂课要想升级，就必须走向简洁大气，比如，可以围绕“美丽”一词教学，牵一发而动全身。俯下身子是我们的态度和亲和力，是我们对阅读文章细微处的关照，但课堂整体框架的搭建还需要有大局意识，要站起身来，有高远的视野。课堂要处理好大小的关系：大，用主问题来搭建，在整体上用尽心思；小，进入文字语言的深处去品味，在细节上下功夫。

只是那俯下身子的美好姿态，就足以让校园的阳光为他加油。

回家的路，突然轻松了许多。秋天的叶，点点微黄，张望着丰收。

《金色花》，课堂金色花

读泰戈尔，是很早之前就开始的事情。短短的诗歌，总在冥冥中将我们的生命悄悄点亮。那是一位智者的思索，又是一位圣人的灵感，更是一个孩童的清澈。他为世间万物记录下灵感闪动的瞬间，然后微笑着安静离开，把感动与深刻、生活与爱留给世上所有或纯真或污浊的眼睛。清新自然的文笔，洗净的何止是一时浑浊，过滤的又何止是一处污秽。“思想掠过我的心头，仿佛群群野鸭飞过天空，我听到了它们振翅高飞的声音。”这个世界，是需要这样的文字的。在浮躁喧嚣的都市里，泰戈尔用文字中蕴涵着的广阔无边的自然，为我们开创了另一个天堂。

“生如夏花，死如秋叶”，我喜欢这样的文字，它告诉我们世界之美在于睿智洁净，生活之美在于纯真简朴。我庆幸有那么一批如冰心、郑振铎的中国作家，在文字与爱的净土中，用他们最受滋润和启迪的心完美地翻译了泰戈尔，让我们有了被如此感动的幸福和升华。泰戈尔，我们听着你的心灵之音走向生命的成熟。

那么，我们的课堂呢？如何向孩子们传递泰戈尔，如何让泰戈尔的文字照亮孩子们前行的道路？就如这节课，从泰戈尔的《金色花》中，我们读到了什么？“我听见回声，来自山谷和心间 / 以寂寞的镰刀收割空旷的灵魂，不断地重复决绝，又重复幸福 / 终有绿洲摇曳在沙漠……”心里边咏唱着泰戈尔的《生如夏花》，边读着《金色花》，就像眼前的女教师带着孩子们读《金色花》一样。我多想在金色花里找到最真的最需要的感动，在这繁忙拥挤的社会里，我们真的需要。

在《金色花》里，我们读出了慈祥温柔的母亲，读出了顽皮纯真的孩子，读出了圣洁的母爱，读出了光辉的人性。用心触摸着这样的文字，再把这温柔的母爱化为一种声音。课堂上，当这样纯挚的声音响起，也许再多的解读都是多余的。我喜欢听孩子们读书的童真的声音，我渴望在这样还有点稚嫩的声音里寻觅我们伟大辛苦的母亲。读泰戈尔的《金色花》，其实就是在贴近我们温柔的母亲。

“假如我变成了一朵金色花”，这破空而来的第一句就让我感觉到泰戈尔的童趣。诗歌就是从这里开始的。“当你黄昏时拿了灯到牛棚里去，我便要突然地再落到地上，又成了你的孩子，求你讲故事给我听。”我们静静地读着，一次又一次。指导下读，感动中读，升华后读……刚读时我们可能是顽皮的精灵，是懂事的孩子，而后是慈爱的母亲，是感动中匍匐的生命。你听，女教师用了转换句式的对比读。将“你到哪里去了，你这坏孩子？”“我不告诉你，妈妈。”改换成“你这坏孩子，你到哪里去了？”“妈妈，我不告诉你。”经过对比，孩子的顽皮可爱、母亲的关心慈爱就流露出来。你看，这个“坏”字用得十分精彩，贬词褒用。这哪里是在骂孩子哟，这里诗人将嗔怪、担忧、焦虑、佯怒之情融为一体，情韵悠长。可惜，课堂上，这位教师留给学生这样读、这样悟的时间实在太少，而只把读当作一种简单的亮相，似乎用朗读来开篇，就可以彰显语文课的语文味道。读不得法，读不动情，这堂课上，教师空余了大量时间献给训练，留给作业，我很遗憾爱的声音的缺失。把爱化作最美的声音，我情愿抛去烦琐的讲解，带着孩子们一遍遍地读出金色花的心声。这样，浓浓的爱就会切实地弥漫在教室里，渗进我们每个人的心田。

为什么我们读不出《金色花》的感动？是因为我们把语文教学局限于眼前需要讲解的文字。文字进不了孩子的灵魂，甚至可以说，教师自己还没有因文章而有所触动，有所感悟。在自读阶段，孩子们回答“读出了童真”“读出了母爱”，教师认可了答案，却没有及时迎上去重复并强化孩子内心的感受。“哪些文字让你读出了童真，你给大家读读好吗？”若能这样追问，金色花的种子就真实地种在了孩子的心田。这堂课上，教师也应是一位等待孩子归来的母亲，通过文字，让孩子走上爱的路。接下来，教师让学生“读出自己喜爱的句子”。这样的设计也是不错的，但为什么喜爱，怎样读出你的喜爱，教师应该顺势展开这样的交流。在三个学生读了他们喜爱的句子后，教师是不是应该这样提醒学生：你还能在其他语段中找到母爱，找到纯真的感动吗？这样，就有了提升。教学，其实就像泰戈尔的诗句，虽简洁诗意，却能给人以启发，能让人深深感动并走向深刻。

“在这首诗中，你看到一个怎样的孩子？看到一位怎样的母亲？”这个问题提得很简单，但很实在。遗憾的是，学生仅淡淡地、公式化地回答“贪玩”“慈祥”，教师也不疼不痒地点评几句，没有深入，更没有升华。泰戈尔说：“你看不见你自己，你所看见的只是你的影子。”课堂上教师如果没有与学生做心与心的交流，看到的其实也只是自己的影子，或者是泰戈尔的影子。金色花，又称“瞻波伽”，是印度一种圣树的花。这金黄的色彩，正反映着母爱的光辉。诗人泰戈尔是比喻的高手，他竟选取金色花来比喻一个孩子。为什么孩子要变成金色花？“我要悄悄地开放花瓣儿，看着你工作。”“你会嗅到这花香，却不知道这香气是从我身上来的。”“我便要将我小小的影子投在你的书页上……”你看，多么懂事的孩子啊！他变成金色花不是纯粹为了好玩，而是想默默地为妈妈做点事。真是水晶般的心灵！老师，你让学生们读出了这朵金色花的全部内蕴了吗？

“我要变成……，我要……”课堂最后一个环节是这样一个语言训练，可以说，这是一个颇有创造力的训练。在借鉴泰戈尔的诗心后，教师让学生展开想象的翅膀，高飞在诗意的情感天空。这个设计很有语文味，很有人文味。教师对这个环节应该是颇为期待的：孩子们进入文本，再走出文本，钻入想象的殿堂，想想母亲，想想亲情，想想世上一切美丽的感动，然后开始发自肺腑地表达。可是，还是冷清，孩子们并没有表现出强烈的诉说欲望，都没有变成纷纷摇曳闪耀的金色花。究其原因，文字的感染力还在对面的河岸，孩子们还没有游过去，他们只是远远地站着，望着朦胧的金色花在风中闪耀，却没有嗅到金色花藏在心底的芬芳。一朵金色花把母与子联系起来，能否把我们也联系起来？爱是要交流的，语文课也是如此。

所以，

泰戈尔是诗歌的，《金色花》的课堂也应是诗意的。

泰戈尔是感情的，《金色花》的课堂也应是感动的。

泰戈尔是睿智的，《金色花》的课堂也应是深刻的。

泰戈尔是简洁的，《金色花》的课堂也应是清晰的。

泰戈尔是生命的，我们的课堂也是一朵金色花。

期待你的金色花，惠及我们所有干渴的心灵。

祝福所有爱的灵魂。

《孤独之旅》的孤独思考

一

"孤独之旅"，杜小康的生命成长之旅。我抚摸着这四个字，甚至有一种抽搐的感觉，仿佛在抚摸着我生命中一段最真实的长长的孤独。这样的路是在我青春期的时光里开始铺就的，走着，走着，然后，我发现，生命就是这样的。

无论白天多么喧嚣，你总有一份黑夜的落寞要经受；无论春天多么妩媚，你总有一段寒冬的凄惨在煎熬；无论太阳多么鲜艳，你总有一曲月光的恋歌在吹响。人，在繁华喧闹后，回归的都是寂寞。而孤独中的挣扎，总是那么沉沉地鞭打着你要成长的身躯。我看着女教师写在黑板上的"孤独之旅"四个字，仿佛在凝视一条没有来头、没有尽头的长路，而这条路上，踽踽独行的又仿佛是我，也仿佛是你。

曹文轩很唯美地写着一个孩子的孤独，很彻底，又不绝望。那茫茫的水涯、那孤独的漂荡、那单调的水流、那瘦弱的木船、那芦苇、那鸭子、还有那颗颤抖的心灵……我有点害怕把这样的故事当作一段英雄事迹读给孩子听，我不希望我的孩子进入这样的期待，虽然我明白他迟早也会走进一种只有他自己才能读懂的孤独中。曹先生很诗意地写着孩子的孤独，但是孩子不应该提早和"旅程"这样沉重的词语拥抱。我喜欢读文章结尾处杜小康发现鸭子生蛋时的快乐，在这段文字里，有亮晶晶的阳光。我喜欢，喜欢这样的快乐倾洒在水面上，倾洒在孩子的眉宇间。其实，尘世并不会轻易让一个人孤独，会听懂世上天籁的人就不会孤独，而孩子，就有这样的天赋。孩子更能听懂流水、风吹、鸟鸣和花开，孩子的心不该如孤独之旅这般沉重，你应该让他们奔跑、飞翔。

别告诉他什么是未来，别对他解释什么是陌生，水与地，都是生命奔跑的平台。

二

女教师静静地站在讲台上，散发着淡淡的孤独，仿佛置身于一片茫茫的水涯；学生，仿佛湖面上自由游动的鸭群；而听课的我们，则看着她如何摇桨将船划向岸边。我期待在这个属于《孤独之旅》的课堂上，她能辟出一条孤独的路，带上我们，和她的学生们一起行走，一起成长。

课堂，最难的就是入境。不但要让自己入境，更要让学生入境。你刻意追求入境，反而无法入境。你费心经营，往往还是在俗世的“东篱”下“采菊”。孤独是一种不能言说的心理，读一段孤独不是孤独，解一段孤独也不是孤独，文学作品的阅读就是要你彻底进入文字的孤独。你进去了，想着那船，想着那水，想着遥远的校园，看着没有共同语言的父亲，在某个瞬间，你就会觉得杜小康其实就是你，你就孤独了。

心理描写是本课的重点，而对心理进行解剖是最需要入境和出境的。走进去，是孤独；走出来，就是成长。课堂，好像也是这样。

我看着她上课，听着她缓慢又忧伤的话语，感受着她制造的孤独氛围。那一刻，她甚至就是一个孩子。真正的成熟，是走向天真的，语文思考不是带我们进入喧嚣，而是回归孤独。今天，我琢磨到一个老师有分量的思想。

沉默是孤独，但冷清不是；思考是孤独，激情也是孤独，但茫然不是。我一直认为，孤独会让人升华，让人顿悟。

三

这堂课很简单。三个问题。

这是怎样的一个故事？为什么说这是一段孤独之旅？如何理解孤独这种“珍贵的财富”？

孤独者从来不愿意枝枝蔓蔓。一棵树是孤独的，但你看出了它的生长；一朵花是孤独的，但你嗅出了它的清香；一条河流是孤独的，但它最后流进了海洋。简洁从来就是一种力量，一种智慧。这堂课里，我听出了她的努力，孤独思考后的努力。

你还可以思考很多关于孤独的问题。比如，小说写了杜小康哪些孤独？孤独的只有杜小康吗？我很喜欢寻找“很孤独”的问题，在一个大家都忽略的地方我找到了，我就会满心欢喜；我很喜欢寻找“很孤独”的词语，在大家都寻找鲜艳的时候，我就会让它在寂静中开出灿烂。我们都该是孤独的思考者，都该孤独地走向自己的课堂思维空间，这样我们就有了自己的思维个性。我们孤独，是因为我们学习，但不依附；我们孤独，是因为我们汲取，但不照搬。我们讨论，但我们永远拥有自己的眼睛。

我们不害怕孤独，因为课堂上我们有学生的眼睛，有文字的眼睛。把每个人的孤独思考融化了，就有一条温暖的河流在流淌，其间的浪花，都是我们的思想在撞击，在升腾。久而久之，当我们离开课堂，我们的孩子们，就能够享受孤独阅读与寂寞思考。他们站立的姿态与背影，就有了思想者的孤独和凝重。

所以，成长的路上，请学会孤独。

语文，尤其需要。

谁在掠夺我们的脸

我反复地读着鲁迅的《孔乙己》，想找找备课的灵感。

鲁迅先生说，在他所作的小说里，最喜欢的就是《孔乙己》。《孔乙己》这小说可讲的东西太多了，我扎进鲁迅的文字当中想找出一条教学幽径，可不知怎么，我竟然静不下心来。

我想起早上去我熟悉的那所重点高中听的两堂课，还有，那些被挡在窗外的阳光、那些吹起树叶的冷风。

《荷塘月色》，朱自清的经典美文，教这节课的是一位新教师。小青年有点紧张，是深深地吐了口气再走上讲台的。看他这慌慌张张的模样，我自然想起自己站过无数次的晃晃悠悠的讲台。我们，都要无数次穿越这样的焦虑与惶恐，才能把语文的讲台站成风景。我很想这样去安慰他。

“那晚，怎样的荷塘？怎样的月色？”教学很快集中到朱自清最美的几段文字上，重点把握得很是准确。“曲曲折折的荷塘上面，弥望的是田田的叶子。叶子出水很高，像亭亭的舞女的裙。”老师带着学生们读了起来，声音真不错，好听。那幽静的荷塘、那朦胧的月色，清新雅静，像蒙着轻纱的梦，我也沉醉在朱自清诗情画意般的文字中。这时我转过头，想看到学生们的陶醉和感动。可是，没有，一点都没有！大多数学生的目光都不在文字上，而是游移着嬉戏和漫不经心。他们的脸上甚至没有显出一点课堂需要的专注和投入，叫起来回答问题也是随意敷衍老师几句就相视而笑地坐下。老师在讲台上讲着朱自清的“颇不宁静”，显得很孤独。学生们或宁静地想着自己的心事，或不宁静地杂耍般捣鼓着手中的笔。

另一节课讲的是《流浪人，你若是到斯巴……》。看得出，教这篇文章的老师是下过一番功夫的，PPT上圈画的词语可以做证。和几年前相比，她说话不再急急忙忙，慢条斯理中多了几分耐心。教育教学活动是师生的共同活动，是教师教与学生学的统一。师生关系协调，才会产生感情上的共鸣，从而进入教育教学的最佳境界。老师如此真诚投入，学生的表现却让我大失所望。几个学生用狂叫应和着老师的问题，他们故意抬高声音，在老师话音未落时抢先叫出答案。"丰满！""悬念！"他们怪声怪气，绝无半点严肃和真诚。最痛苦的是，他们叫出的答案都是老师想要的答案。我们可以想象这戏剧化的教学镜头，仿佛学生在下指令，老师只是在跟写。老师，成了到斯巴的流浪人，直流浪到下课铃声响起。"军国主义！"几个孩子还在怪腔怪调地喊着。我的心里颇不宁静……

看客！他们怎么成了课堂上的看客！

我读着《孔乙己》，想着这让我心痛的冷漠和麻木，想着寂寞在讲台上的无奈的老师，想着那一群青春绚烂却又放肆不敬的少男少女，想着他们将来要朝向的人生之路，我的心里填满了沉重和酸楚。重点中学的孩子，为什么对语文、对经典表现得如此淡漠？难道，在以新兴的电子媒介或数字媒介为载体的亚文学作品或大众文化产品构成了人们阅读、欣赏、品评的主要内容的今天，文学经典真的已经在青年学子的心目中淡出了吗？我自然承认，语文教师首先要从自己的课堂去思考问题，去自我剖析。比如，我们是不是过度着力于自己的教，而忽略了学生的学？我们设计问题的时候有没有考虑过学生的实际情况？我们能否让学生拥有更多属于自己的语文实践的机会？但在这个阅读品质和感动情怀逐渐消逝的时代，具有穿越时空魅力的经典作品，是每一个关心人类精神历程和自身生命意义的人都不可缺少的精神食粮。卡尔维诺这样描述经典："经典作品是这样一本书，它使你不能对它保持不闻不问，它帮助你在与它的关系中甚至在反对它的过程中确立你自己。……一部经典作品的不同之处，也许仅仅是我们从一部不管是古代还是现代、但在一种文化延续性之中有它自己的位置的作品那里所感到的某种共鸣。”经典之所以是经典，就在于其中蕴藏着独特的艺术价值与思想价值，能够经得住时光的淘洗，堪称人类精神的瑰宝，在陶冶人的情操、塑造人的品质、树立人的信念、开阔人的胸怀等方面，具有无可替代的作用。可为什么，当下，朱自清的《荷塘月色》抵不过凤凰传奇的《荷塘月色》？为什么，今天，教师全心投入换来的竟是这样的玩世不恭？为什么经典中需要细品深嚼的那淡淡的美、隐隐的忧，需要如此艰难地等待着这些活跃在时尚元素中的中学生去喜欢？因为所有的故事距离他们都是那么遥远，所有的文字写的都不是他们要的现在，于是，学生离经典越来越远，沦为嬉笑杂耍、缺乏庄重的看客，这是语文的伤痛，也是教育的伤痛。我们是在与这个浮躁时代的流弊争夺学生。人既是教育的出发点，也应该是教育的归宿。而我们，是站在怎样尴尬的一个点上去承担如此重的担子？怎样的教育，使我们对现代中学生不仅完成不了合理有效的人格教育，反而在相当程度上对他们人格危机的产生起了推波助澜的作用？我想着语文课上的这些伤痛，想着那一道道漫不经心、鄙夷不屑的目光，根本感觉不到阳光洒在我们的肩上。

我们将何去何从？

笑声中出场、笑声中死去的孔乙己已经隐没在岁月的秋风中，可还有那无端取笑、以此为乐的人存在。《人民日报》曾发文说：“我们的社会，向来不缺少披坚执锐、勇于担当者。然而，也有极少数人面对物质潮流的冲击、浮躁风气的裹挟、功利心态的侵蚀，选择做无所事事的过客或麻木不仁的看客，甘愿当‘精致的利己主义者’或‘有理想没方向、有文凭没文化’的‘空心人’。”可是，学生不该在其列。瞿平老师在随笔《“高分低能”和“情商为零”》中痛心地说：“如果大家仔细观察，就会发现这样的学生在今天的学生群落中并不少见：不会笑，甚至不会哭！”“我们是不是太希望把学生培养成杰出的人，而忘记了我们首先应当把他们培养成为一个真正有爱心的人？”当经典作品在我们的课堂上遭遇冷落的时候，又到哪去静候纯真？当书写人性之美的文字都被孩子们调侃、嘲讽的时候，又到哪去期待真诚？教育，面对的本该是最清澈的眼睛啊！

“无穷的远方，无数的人们，都和我有关。”鲁迅生命中最后时刻写下的鲜活的文字，力道之深，今日犹然。

阳光薄薄地游移着，风还在吹动。我无限担忧，不仅仅为我还没想明白的《孔乙己》。

抬头一看，我的书架上，几本书赫然在目——村上春树的、昆德拉的，还有一本是北京作家陈染的作品。书名一组合，就成了立足当下的一道质问：“无比芜杂的心绪”，“玩笑”，还有“谁掠夺了我们的脸”。

没有难上的课，只有不悟的心

晚上，在网上遇见以前的实习生，说是在某个语文论坛上听了《听听那冷雨》一课，感觉课堂挺冷的。

“这课本来就不好上。”学生说。实习时，他一直就很好学，也很诚恳。

“这课不好上。”在浙江省嘉兴市嘉善高中听完小顾老师上《听听那冷雨》后，钱梦龙老师和我交换意见时也说了这句话。当时，钱老师满脸慈祥与宽容。

智慧的长者总是以期待的目光去抚慰年轻进取的心，即使你课上得不尽如人意，课堂处处慌张草率，他们也会以宽容和厚爱去熨平你心灵的不安。“这课不好上。”这样一说，我们往往从中给自己找到了台阶，不至于思虑难眠或神情尴尬。但若是教师一意以此自慰，觉得上不好也是理所应当，坦然于自己的教学失误，那就是不解长者的宽厚了。

《听听那冷雨》，是知性美与感性美的结合，篇幅长，韵味足，语意深，余光中用那“汉魂唐魄锻炼而成的中文”抒写他“对中国之爱”，把散文写得像诗一样深情，像诗一样美。读《听听那冷雨》，不仅会使你动于心，而且会让你感于形，爽于口，悦于耳。本文最见特色的另一种美质就是创造了一种语言美的极致。余光中是诗人兼散文家，他用诗人丰富奇妙的想象和形象化的抒情语言来写散文。这样的文章，极为挑战教师的教学功力。确实，冷雨飞了几年了，也很少见人把这篇文章教得韵味十足。这课确实不好上。

小顾选这课“公开”，是很有勇气的，只是这课上得如冷雨般淅淅沥沥，淋淋漓漓，少见清爽感动。他的问题首先在于教学点太多。在余光中的笔下，雨是光、色、声、味俱全的。作者全方位、多角度、长镜头地描画雨景，既充分展示出了客观世界的厚实，又巧妙地表现了主观感受的强烈和鲜明，更是尽情流露出作者情感世界的丰富与深厚。可在一节公开课中，我们能包容多少滴冷雨？四十分钟，这也讲，那也谈，就只能“譬如凭空写一个雨字，点点滴滴，滂滂沱沱，淅淅沥沥”了。最后，文章的“一切云情雨意”，就宛然皆不在其中了。

“这课不好上。”自然，在语文教学上，我们都有许多方面需要提升。这，是踏实前行的需要。成长路上，有提升的空间就是一种幸福。

“这课不好上。”可是再一想，什么课好上呢？你又能真正上好哪节课呢？

我们都沉默了。在好课面前，我们一样贫瘠。

李白的《静夜思》好上吗？五言绝句，太短了吧？一节课，你能让我们“举头望明月”吗？

《江南的冬景》好上吗？散文，不长，一节课，你能让我们漫步进郁达夫笔下冬天的江南吗？

《祝福》好上吗？传统篇目，好课迭出，一节课，你能让我们读懂祥林嫂的生命追问吗？

…………

仔细想来，没有什么课文是真正好上的。看似容易教好的文章，名师大家珠玉在前，听课者也是熟门熟路，反而最难上。无论怎样的文章，都要通过阅读、思考，经由语言文字走向我们的心灵深处。想透了，你就不会刻意去挑选文章，因为无论教什么、怎么教都必须朝向语文。我们最需要反思的是，自己为语文教学准备了什么。帕克·帕尔默说：“真正好的教学不能降低到技术层面，真正好的教学来自于教师的自身认同与自身完整。”“任何真正可信的教学要求最终是来自教师内心的呼唤。”明白了这一层，我们就会对自己做出要求。面对文本，你是否能够通过语言文字与自己的内心对话？面对教学，你是否还是不完整的、支离破碎的、肤浅的甚至虚伪的？

深入文本思考，总有一个文字亮出光芒向你招手呼唤。“这课不好上。”长者其实是在用这句话告诉我们，这文章，你还没有读懂，你还没有研究透。他用温暖的安慰激励我们反思并前行，他用平和的宽容期待我们自省而超越。

这话语，我们要读懂。

“这课不好上。”没有哪篇文章天生好上，上出精彩都需要你细心揣摩，苦做钻研。没有哪篇文章注定难上，是文章，都有文气、文脉、文意。没有什么文章会主动为你流成河，等候你掬水弄月，也没有什么文章故意横亘在你教学的路上，站成难越的高山。只要这篇文章被列入我们的教学计划，就应该是也必须是我们要努力教好的。伽达默尔说：“文本不会像一个‘你’那样对我讲话，我们这些寻求理解的人必须通过我们自身使它讲话。”如果你能找到深入文本内部、进行深层解读的钥匙，每一个文本都可以与我们讲话。年轻的语文人应该庆幸，在人生最好的时间，站进了最好的语文空间，只有去思考，去实践，去超越，方不辜负生命华年。

没有难上的课，只有不悟的心。语文，教好它，我们别无选择。

课自然有优劣，但我们绝不该用“不好上”来搪塞、遮掩我们的浅薄和浮躁。问问自己，我能想得更透彻一些吗？一定是我们输给了课文，而不是课文难住了我们。都说曲径可以通幽，我们为何总是茫然？

没有难上的课，只有不悟的心。

不是所有的退却都有必须退却的理由。

来吧，你，听听我泼出的冷雨，我们一起反思，一起前进。

每一片雪，都是一片灵动的思绪

憋了一个冬，雪终于熬不住矜持，细细碎碎地从温州的天空飘下。

真是应景，在这个城市最冷的一天，我听到了叶方碧老师的《祝福》教学课。窗外，只看到凋落的树叶，在寒风中微微战栗，却看不到成片成片的苍茫。温州城里的雪是成不了气候的，便只能想象一群在雪地觅食的寒鸦，像几个移动的黑点，而祥林嫂就是其中一个。

课堂，需要有和文本匹配的场景氛围，天地的营造只是辅助，站上讲台，你会制造怎样一场凄楚的风雪？

一

“同学们好，今天很意外地下雪了，我们也要学一篇有雪的小说——《祝福》。”

入题自然，很好的开场白。寒雪飞舞，谁雕琼花玉树。我正试着从叶老师的薄雪中整理出通往文本教学的途径，他已经飞快地闪过，跑到了原先预设的轨道上，读字音，讲祥林嫂的生平，而窗外迷蒙中的点点淡淡雪花，早已经沾湿地面不见形色了。陶行知先生曾说过这样一句话：“生活与教育是一个东西，不是两个东西。”已经想到了应景式的导入，却没有真正把它融入课堂，雪就只成了一个短暂的点缀，导入以后就径自消失于茫茫天地间，甚为可惜。其实，再深一层去想，这雪自可穿针引线连缀我们的课堂，而且可以不露痕迹，自然深入。

怎么做呢？叶老师可以顺雪而下：“今天很意外地下雪了，我们也要学一篇有雪的小说——《祝福》。那么，这篇小说是怎么写雪的呢？我们先来找出写雪的句子阅读。"《祝福》中对"雪"的描写共出现过四次，第一次是"我"初到鲁镇时，"天色愈阴暗了……雪花大的有梅花那么大，满天飞舞……将鲁镇乱成一团糟"。第二次描写是在"我"听闻祥林嫂死讯后，"雪花落在积得厚厚的雪褥上面，听去似乎瑟瑟有声，使人更加感得沉寂"。第三次是在祝福前夕，柳妈寻祥林嫂开心时，"微雪点点的下来了"。最后一次出现在结尾，"我在蒙胧中，又隐约听到远处爆竹声联绵不断……夹着团团飞舞的雪花，拥抱了全市镇"。教师可以引导学生阅读这些描写雪的句子（可以重点读第一次和最后一次），让学生思考从这些"雪"中能读出什么，比如阴冷的基调、悲凄的氛围等，这自然是初读的感受，教师可以不急于深挖，但此时风雪飘飞的课堂渐染悲意，利于教学的深入和推进。"小说的环境多与风雪相关，祥林嫂的故事发生在风雪中，其实祥林嫂本人就是一个一路风雪的可怜人。"这样一过渡，就回到了叶老师教学的重点，也就是祥林嫂的生平经历，就可以自然地转到祥林嫂一生经历的多次风雪：丈夫祥林的死，被卖给贺老六及贺老六的死，孩子阿毛被狼吃掉，捐门槛后仍然得不到鲁四老爷和太太的宽恕和谅解，沦为乞丐后在祝福夜里冻饿痛苦而死。都说祥林嫂是一个没有春天的女人，换句话说，她是一个在风雪中苟延残喘的女人，一次次的人生打击，正如一场场恐怖寒冷的风雪，摧残着她的肉体和精神，把她一步步逼向绝境。这样，改"整理祥林嫂的生平经历"为"寻找祥林嫂一生的风雪"，虽然教学内容不变，但教学中心更为明确凝练、教学环节更简洁，而且很容易带学生走进人物的悲惨命运中去感受人生苦难。课堂最后，可以再回到小说中的几处"雪"，学生在理解了祥林嫂的悲剧命运后再来读雪，对鲁迅写雪的理解势必更深一层。鲁迅笔下的雪，是内涵很丰富的审美意象，除了铺垫阴冷基调外，它还起到衬托人物形象、渲染气氛、表现主题等作用。雪中，有作者对亡灵最沉重的哀悼、最大的哀痛，这种感情与祝福时家家户户的欢乐喜庆如此格格不入，带给读者强烈的艺术震撼。雪，如此寒冷，而祥林嫂周遭的人，也是如此冷漠。活在凄凉中的祥林嫂就是一片漫天飞舞却不知飘落何方的雪花，虽洁白无瑕却终究被弃尘渣，生得凄苦，死得凄凉。她的死正如《红楼梦》结尾描述的“只剩下白茫茫一片大地真干净”。笼罩她并看她消逝的，是风雪中的鲁镇，是以政权、族权、神权、夫权为四大支柱的中国封建宗法社会。如此再次细品“雪”的描写，可以加深我们对小说悲剧主题的理解，进一步把握人物的悲剧形象。

由眼前雪到文中雪，再由文中雪到人物命运之风雪，最后拓深“雪”的思考。原来，祥林嫂就是一个如草芥般彻头彻尾被无边风雪裹挟的多余人，她，与春天绝缘，只与飞雪相伴！如此上这堂课，就能信手拈来。巧手连缀后，这堂课就简化成了“雪”的课！

简约，凝练，语文教学，要学会最经济地抵达。

二

“我们先来梳理祥林嫂的人生经历，一起来看一下祥林嫂的人生际遇图。”作为《祝福》的第一课，从祥林嫂的人生故事入手，也就是以分析小说的故事情节为教学重点，是准确的。为避免梳理情节而使阅读层次重复化、浅表化，叶老师解析了夫权、族权、神权等封建礼教对女性的摧残和迫害，让学生理解祥林嫂身披的重重枷锁以及封建礼教吃人的本质，从而走进小说的深层内涵。艾德勒在《如何阅读一本书》中提出了四个问题：“第一，这整本书的内容是在谈些什么？第二，内容的细节是什么？是如何表现的？第三，这本书说的是真实的吗？全部真实或部分真实？第四，这本书与我何关？”这四个问题都可以作为语文阅读教学的问题。很显然，叶老师这一课旨在解决前两个问题，也就是小说的内容和细节问题。

他的PPT图表做得非常生动、立体，显示了祥林嫂从最初给祥林家做童养媳到最后在鲁镇的风雪夜里死去的悲惨命运。看着那层层下降转折的立体图，我们真能想象出这一条不归路上的无边风雪。

“如果没有发生其他的变故，她和祥林今后的生活将会是什么样子？”

“但是事情发生了转折，祥林死了，之后又发生了什么事情呢？”

“婆婆为什么能够卖掉祥林嫂？”

…………

几番碎问碎答后，叶老师写出了“夫权”二字，而后的教学也是如此推进。随着学生的回答，教师相应地展示出 PPT 上的内容，课堂教学颇为有序地在教师的掌控下前行。PPT 上的每一处注释，都能很准时地出现、很准确地定位。作为一个新教师，叶老师能如此严谨，自当肯定。可是，好多次，我都希望他的雪花能飞出漫天晶莹。语文课堂，不应成为计算严密的停车场，教学的出发和到达，教师既要心中有数，又应出其不意。

我们要让学生动起来，要打破教学节奏的单一性。比如，“夫权”由教师指导而提出，那么，“族权”“神权”等封建礼教观念是不是可以交给学生自行感悟？“看祥林嫂的人生经历，她除了受到夫权的摧残和压迫外，还受到什么其他迫害？结合相关内容说说。”教师在导出“夫权”之后，可以尝试把小说其他情节的梳理和分析交给学生，别让“师权”高悬在课堂之上。这样，你抛下一片雪，让学生进入文本，挥洒出更多的雪花，这个课堂就会飞出漫天晶莹。同时，学生的“自主”一定要与教师的“主导”有机结合。教师要在学生学习的过程中，当好组织者和引导者，构建自主性学习，才能充分发挥学生的主体作用，充分激活学生的创造性思维。

除此之外，教学的简单化、模式化和教师的提问关系极大。碎碎的问答，虽然能准确牵引学生行进，但束缚了学生的思考。不要分割祥林嫂的经历去“连问”、去“碎问”、去“追问”，过多、过细、过浅、过滥的“问”和“答”会使课堂教学过程变得平淡无味，我们要从文本整体的角度或者学生的整体参与上去设计主问题。“你必须以你自己的方式去揭示你生存的意义。”把哲学家马丁·布伯的话用在语文教学上，就是说，教师要教会学生用自己的阅读和思考打开解读的大门，那么，主问题的置入就是一把撬动思维的钥匙。

“中无杂树，落英缤纷”，阅读祥林嫂的人生经历，怎样的问题可以带动思维？新教师如能经常这样思考，课堂很快就会成为一个雪花飞舞的冬天、一片树叶萌生的森林！

朝向语文的方向，你爱，就不缺悟性，正如憋久的雪，总会悄然而至。

三

鲁迅先生说：“要极省俭的画出一个人的特点，最好是画她的眼睛。”

PPT 上现出这样一行字。梳理完祥林嫂的人生经历，叶老师自然转向了祥林嫂会“说话”的眼睛，只是环节之间的过渡过于生硬，少了点自然感。新教师组合教学环节多用拼凑，我刚上讲台也是如此，哪个有意思就说哪个，很少注意前后之间的关联。但能关注到作者对祥林嫂眼神的刻画，说明叶老师读书还是颇为细腻的。确实，文学作品中的眼睛描写是肖像描写的中心和灵魂，眼睛最能表现人物丰富的情感，传达人物最内在的心灵秘密。《祝福》中，写祥林嫂眼睛的有十多处，处处紧密联系着人物的身份、心理、性格，落笔精彩，分外有力，各具特色，几无雷同。这些刻画类似电影中的特写镜头，蕴含着丰富的意蕴，生动地体现了祥林嫂性格的发展过程，鲜明地表现了她内心世界的深刻变化，印记着她一生悲惨的足迹。我也曾选择“眼睛”作为教学的切入点，听年轻的叶老师再讲祥林嫂的眼神，也是备感亲切。

我的设计是这样的：读眼睛——品眼睛——找更多的“眼睛”。

叶老师的推进是这样的：读眼睛——感受祥林嫂的悲苦。也就是说，他的教学是为了引导学生加深对祥林嫂苦难命运的感受，把握人物形象，理解人物的悲剧命运。教学活动是师生积极参与、交往互动、共同发展的过程，教学的目的应该是“教”学生“学”，那么就不应该因为鲁迅的那句名言，也不应该因为教师的备课预设而阅读眼睛，而应该首先让学生通过阅读来发现。那么，在这个有雪的日子，我们怎样教得更灵动些呢？

我想到了“激活”，想到了“留白”，更想到了学生们的眼睛！

做这样一个变化如何？鲁迅先生说：“要极省俭的画出一个人的特点，最好是画她的____。”PPT 上省略“眼睛”二字，变成填空问学生：“鲁迅曾经说过这样一句话，细读祥林嫂，你觉得要极省俭地画出一个人的特点，最好画他的什么呢？”这样，一石激起千层浪，答案就有多种呈现的可能。

那时，课堂也许就会变成这样：

“老师，我觉得最好画她的脸色，‘脸上瘦削不堪，黄中带黑，而且消尽了先前悲哀的神色，仿佛是木刻似的’等处，写出了她的憔悴痛苦和麻木。”

“老师，我觉得最好画她的头发，文章多次写到了她的头发，‘五年前的花白的头发，即今已经全白’，很形象地写出了身世的变化。”

“老师，我觉得最好画她的眼睛，文章写眼睛的地方特多，很值得品鉴。”

“最好画她的道具，那个竹篮子、破碗，我觉得很沉重。”

“最好画她的语言，你看，她多次说阿毛的故事……”

“画动作！”“画衣服！”

你看，留出空白，把思考空间还给学生，最后再做比较探讨，就能水到渠成地汇向“眼睛”，激起学生的阅读期待，有效地提高学生的阅读质量。通过个体研读、对话碰撞、小处设问激活全文、阅读探究不留死角，不仅小说中的人物形象更加立体生动起来，鲁迅的写作艺术也得到了多方位的呈现。通过这双“眼睛”，学生看到的是多么广阔和深邃的文学世界！

我们可以做得更好，我们的天空可以更加高远。

每一片雪，都是一片灵动的思绪。教师，阅读要能拈来雪花，备课要能播撒雪花，教学要能搅动风雪，你的课堂，才更富璀璨精华。

祝福青春，你和你的课堂！

总会醒来的，只要是花

教师节那天，我走进了章老师的课堂，这堂课他上的是《琵琶行》。

“做学案了吗？”“有没有看字词？”章老师很焦虑地问。学生都没怎么回答。看得出来，他们对这些所谓的学案并不感兴趣，而且他们的骨子里，根本没有要“帮助”你开课的意思。教室的后面有个简易的柜子，柜子里面摆放着一束束鲜花，或红或粉，在静候着这个节日。

章老师开始带领学生复习这篇课文的字音，他的声音不高，学生大多横七竖八地倚靠着。刚开始几分钟，不少学生低下了头，甚至坐在最前排的几位也是如此。“你们都没做吧？回去有没有读？”这里的清晨静悄悄的。

“那我们读一遍吧。”就这一句，我觉得在语文教学第一线上打磨了一年的章老师就有了进步，尽管学生们读诗的声音还是杂乱低沉的，但毕竟在和文本进行最直接的接触，而且，这样的朗读似乎没什么负担，不需思考，不带问题，很原始。学生的声音欢乐起来了，面对这种学习基础的学生，最管用的方法就是让他们读书，哄着他们在字词句上撒腿奔跑。

我的手机不断地震动着，应该是教师节的祝福接踵而至。章老师在台上不断地擦着汗，声音里多少有着无奈。我看着身后已经摆好造型的朵朵鲜花想：孩子们，课堂上你们若不绽放，那朵朵花儿的问候还有意义吗？

一个学生读完《琵琶行》的小序后，章老师开始分析这一段小序的内容：作诗的原因、时间、地点、人物、事件的经过……不读书了，班级的声音又低了下去。如果顺着刚才的全诗朗读，现在可以试着设计一个不太难的问题来调动一下大家的阅读情绪。章老师没这样做，而是又拐向《琵琶行》的小序，学生呢，就会觉得刚才的卖力读书被浪费了，自然就兴致全无了。这时，章老师走下了讲台，位置的移动很重要，教师用自己的走动来改变教学的节奏，我希望这是一种思考过的行为。

看着第一节课就趴在课桌上神思恍惚的孩子们，我很忧伤。没人拿起笔来记点什么，只偶尔有人接一两句回答。教师节，我们的课堂清冷空旷。

我很怀念三味书屋里的戒尺。“笔落惊风雨”是《琵琶行》这课的单元提示词，人，也是会惊风雨的。教师太温和了，学生以为你只有阳光。

“把刚才读过的每一节分别用七个字来概括。”这个问题一出，倒下一大片。不习惯于思考的孩子很难接受这样的要求。七个字？不如就让学生说说这一段的内容，甭管几个字，能说出点皮毛都是进步。“我们来看一下，第一段，浔阳江头，作者碰到了什么？他喝酒的时候是不是缺点音乐啊？”章老师几乎是用最简单的填空法来帮助学生，学生还是爱理不理的。“浔阳江边闻琵琶”，最后还是章老师自己写出了这七个字。

“地点加事件，你们能不能用这样的方法写出后面的内容？”更多的孩子趴下装作睡觉。如果是我，我会怎样？我不敢想。看着章老师年轻的脸庞上显露的疲惫，我知道这会是何等压抑。很多理想总是输给现实，但坚持就像一条悠长的山路，我们走着走着，走出无限荒凉，又走出无限繁华。

章老师，坚持，坚持，这里我送给你的教师节祝福。虽然，那很难，但，路我们必须要走，带着思考。问题出在哪里？需要提醒我们自己的又是什么？学生倒下了，怎样让他们站起来？没有在这样的课堂上历练过、在这样的氛围中重生过，就不是真正意义上的教师。

“老师，选一束花吧。”下课了，学生竟恢复了兴致，花朵也在柜子里苏醒了，不再皱着倦容，而是尽力舒展每一片花瓣，传送每一缕幽香。花是真正鲜艳的，沾着清晨的阳光和水滴，而他们，眼睛也是晶莹有神的。

总会醒来的，只要是花。眼前这些孩子只是迟缓了开放。

走出课堂，学校的屏幕上温暖一片：“欢庆第三十个教师节。”

我们的叹息都那么轻微

学生们低着头做语文阅读，文章是张晓风的散文《那时候有多美》。

老师微笑地望向她的田野，微寒的早春，课堂也泛起绿色。

笔尖划过的沙沙声里，听课的我坐在教室的最后排，像坐在春天的田埂边，也静静地读起这篇怀念语文老师的文章来。那时候有多美，那时候有多可爱，那折折叠叠的文字里，是否有我苦苦琢磨的那种教学境界？我也在努力感知。

“那个五月的雨天，新来的语文老师穿着蓑衣、戴着斗笠来到我们身边。当他立在教室门前，大家都鸦雀无声地盯着他看。”开篇还是张晓风的风格，说故事，风平浪静，可是因为是写语文老师的，我还是多读了一遍这个开头。那个穿蓑戴笠的语文老师格外熟悉，是谁，我又想不起，他就在我记忆的遥远处隐约地站着，微笑得像春天的雨，飘逸，朦胧，亲切。

“写作不是闭门造车，要到田野里去！”“外面风景那么美，在屋里待着简直是一种浪费！”张晓风的语文老师说的话，炸响了她的五月。去田野上课，去看外面的风景！说得何等坚决，何等果敢！我望望那些乖乖地匍匐了大半身子在做题的学生，颤了一颤。天冷，太阳不醒，我搓搓手，很有点惊慌地继续阅读。“当其他班的同学在教室里上课时，我们则头戴柳条编的花环，蒲公英一样自由自在地飘出了校园。”“所以，我们会在长满芬芳牧草的草坪上读鲁迅的文章，在潺潺的小溪边背苏轼的词，在洁白的羊群中念余光中的乡愁……”目光一次次地贴上这几行字，想着那个五月的缠绵细雨，想着牧草芳香的阅读，想着雀跃飘飞的蒲公英，想着那些跳跃在文字间的灵动、新鲜和纯美，我不禁汗颜。

多好的语文课！多美的那时候！

老师站在讲台前，也捧着文章，在细细地读。她一定也进入了张晓风的那个五月。

最美语文就是这样的。有教室，但绝不仅仅是门与墙的阻隔，草坪上，溪水边，羊群中，都可以自由自在地安放我们的课堂和我们的青春。我们在钢筋水泥的教室里识字读文，春光在窗口等候，微风从走廊掠过；我们在花草云湖的教室里读天、读地、读自己，小鸟飞进了我们的书本，小虫子爬成了我们的标点。那随风送来的芳香、绚烂与牧歌，都是我们的篇章；那书声琅琅的唐诗宋词、小说散文，都被折成一只只纸船，在青春的吟唱中漂向远方……我们读着，折着，走着，咦？怎么远方都是森林，都是大海，都是更广阔的天空？原来，那些树啊，那些帆啊，那些云啊，都是我们写的文章，都沾着麦草的清香。张晓风的老师弹着吉他说："世界上最美的声音，就是孩子的合唱。"下雨了，我们就静静地坐在学校的教室里，读着忧伤的文字，想着美丽的灵魂世界。阳光了，我们可以四处漫步，寻找更辽阔的教室，唱行云流水，读云卷云舒，透过语文看到世界，融入世界提升语文，而最后，我们和我们的语文，都找到了家。

教室里安安静静的，风也溜过了，不做停歇。

我很快想到了曹勇军老师，想到了他的语文理想国。"刚过五点半，学校食堂便挤满学生，大家欢天喜地，就如同过节一样。晚饭后，我和几位老师出了校门，沿着台城，信步来到玄武湖解放门一侧的湖边草地上，这里已经竖起一个很大的拱形气门，上面写着'青春·明月·梦想——南京十三中高一中秋诗会'，吸引过往行人驻足，湖边几弯秋柳恰好成为露天舞台的背景道具。暮色渐起，天空幽蓝，眼前湖水粼粼，湖风习习，背后一带城墙黝黑朦胧……"每年中秋月圆时分，天为庐，地为席，在这天地自然之间，曹老师就会带着他的学生们一起吟唱十六岁年轻人的青春和梦想。最初读到这个故事，是在飞机上，我读呆了，也读痛了。望着舷窗外翻滚的云海，想起那些发闷的课堂上茫然机械的表情，还有校园里根本无法被栀子花香遮蔽的焦虑和无奈，再想到南京城上的明月诗篇，我感动，又无限悲痛。

我不是也有过这样的诗意和唯美吗？语文课，我带着学生逛书店，为他们抽出一本本羞涩的文学名著。晚自习，我给学生放电影，和他们争论主人公理想的是与非。我给孩子们读诗歌，教他们唱歌，告诉他们罗大佑的歌词比很多课文精彩深刻得多。他们跟着我唱《光阴的故事》，跟着我对《雷雨》台词，跟着我走进楠溪山水间。汩汩清泉、青山飞瀑、楠溪江古老的乡村、远去的炊烟，都曾经是我们的语文课……“目送归鸿笑复歌”，“柳暗花明池上山”，多少语文的行走间，我们的鞋上也沾上一片片水灵灵的草叶子。我们的语文，也都摇曳着麦草清香，荡漾着皎洁月光！

蓑衣斗笠麦草香，张晓风的老师是最懂语文的老师，是最美丽的语文老师！

然而，最美的时光也最短暂！

“在那么有趣的语文课里待着太美了，其余的课都用来回味了，谁还有心思趴在课桌上，看着铁青的黑板？”很快，张晓风和她的同伴们在期中考试中遭遇了滑铁卢！家长“像一群等着吃肉的秃鹫，在老师发分数条的时候就开始虎视眈眈地盯着了”。很快，不少家长和学生发起联名上书的倡议，质疑语文老师的教学，说这个有麦草清香的老师极不“称职”。就这样，语文课上再也没有湖水荡漾，没有白云歌唱了……

清香没有了，那一年，他们班的升学率全校最高。

理想总是输给现实，可是文章中分明有这样一句话：“老师还安慰我们，不要灰心，总是会有又有趣又能快速提高成绩的方法的。”有麦草清香的老师，吸引住了所有学生的目光，弹唱着吉他，说着那时候多美。那么懂语文、懂课堂、懂学生的老师，会想出又有趣又能快速提高成绩的方法，我一点都不怀疑！只要一点点时间，他就可以证明自己！可是，所有的人，都不能等下去！

弦歌已断，明月犹存。

学生们的脊背弯得更深了，他们坐在我们设计的题目里，不知道会不会也坐进张晓风的文字里？

我想着，开始羞愧！我们啊我们，可我说服不了，包括我自己。

曹勇军老师说："课堂是理想和现实的交织，如一朵莲花，生长在泥土中，花瓣和花苞却伸向天空。"我们只看到轻盈曼妙地飘在空中的蒲公英，却忘记了蓑笠翁的双脚也正是站在黑黑的泥土中。一把钥匙，只要再磨砺几回，打开的就绝不仅仅是语文的大门，可是我们惧怕等待，惧怕改变，又重新习惯于黑暗。

"那时候有多美，笑起来像一湖清水，连叹息都那么轻微，我不能体会。"

读到最后，仿佛真有这样的民谣随吉他远远唱响，湖水，青草，云朵，花环，还有轻轻的叹息，深深的忧虑……

没有比这更好的谈语文、谈教育的文章了，我肃然起敬，愧疚难当！

沙沙沙，学生们还在紧张地做题，我放下文章，望向辽远。

而这时，年轻的女教师高声催促着："大家做好了吗？我们开始校对了！"

我们的叹息都那么轻微。

《雨巷》，悠长悠长的声音在行走

廖海珍的《雨巷》，是在名家配乐朗诵中开始的。男中音很浑厚，磁性的声音紧紧地扣住每一个字，读得缓慢深情，梦一般地飘过。闭上眼，都是戴望舒的沉吟，凄美惆怅。那在雨巷深处幽幽中传来的每一个字，组合成一把油纸伞，罩住了今天这个无雨的日子。

“这首诗歌的感情基调是怎样的？”

“忧愁凄凉的。”

“你能用诗中的一个词来说吗？”从这句追问看，海珍是做足了功课的。用文中的字词句来回答，这极为重要。只有走在《雨巷》的每个字上，才能体味那梅雨时节江南小巷的韵味，那是诗歌的真正韵味。

“愁怨。”

“这种愁怨要怎么读？”

“缓慢的，低沉的。”

“那我们一起来读读前面两节，用这样的缓慢与低沉。”

开头的诗歌入境做得很好，尤其是情感从外显到内化的过渡。既然感情基调可以用诗中的“愁怨”一词来形容，那么语速和语气是不是也可以用诗中的词来表现呢？“撑着油纸伞，独自彷徨在悠长，悠长，又寂寥的雨巷”，我心里一遍遍地念着。那个“悠长悠长”我不认为仅仅是雨巷的写实，它应该还是声音，是雨巷里的一声声吟哦、一声声叹息。这样，“愁怨”和“悠长”甚至“寂寥”就是今天的课堂。

能从文本中解决的，就坚决不依靠其他。我望着窗外，这样想。

芭蕉树静默着，阔大的绿叶纷纷向上伸展着，其他绿色植物都还在这个阳光尚吝啬着的早晨簇拥着梦，慵慵懒懒地表达着自己的闲适。

你听，全班同学在一起朗读呢。浑厚的男声和清婉的女声交织在一起，更显现了雨巷的朦胧和幽深。真美的《雨巷》，永远的戴望舒。

“你觉得这两节的韵脚是？”

“后面几节的韵脚呢？”

海珍一开场的设计直奔诵读，直抓《雨巷》很重要的一个艺术特征——诗韵，这应该是反复思量后的一种取舍。《雨巷》全诗回荡着一种流畅的节奏和旋律，这种旋律感主要来自诗韵。除每节大体在第三、六行押韵外，每节的诗行中还选用了许多与韵脚呼应的音组。重叠反复手法的运用也强化了音乐效果。解决了《雨巷》的音节韵脚问题，还得在诵读中品味。这种“悠长回环”的风格必须让学生在读中体验和感受，教师尽可能不要带出结论性的阐述。

果然，“我们一起读读整首诗，体会一下这首诗的音乐美韵”，教室里，又传来雨巷中空灵悠远的叹息。学生读得更慢了，甚至我也想读，读着遥远的江南，读着悠长的雨巷。“芭蕉不展丁香结，同向春风各自愁”，窗外的芭蕉很应景地沉默着，而在诗歌中，海珍会怎样绽放那丁香的美丽和愁怨？

“《雨巷》中伤感愁怨的感情是借助哪些意象传达出来的？选择一个来说说。”《雨巷》运用了象征性的抒情手法。诗中那狭窄阴沉的雨巷、在雨巷中徘徊的独行者，以及那个像丁香一样结着愁怨的姑娘，都是象征性的意象。这些意象又共同构成了一种象征性的意境，含蓄地暗示出作者既迷惘感伤又有所期待的情怀，并给人一种朦胧而又幽深的美感。教学《雨巷》，我们必定要走向诗歌中的意象，但你会怎么教呢？“我”“姑娘”“雨巷”“油纸伞”“丁香”“篱墙”，望着 PPT 上这六个词，我在想海珍将如何引导学生体验其间的妙处。

“我选丁香，丁香是一种花，表达姑娘和丁香一样的美丽愁怨。”一名学生回答。

“哪里写丁香最多，你来读读。”海珍边启发，边在PPT上显示出美丽的丁香，然后用古诗中“丁香空结雨中愁”的诗句来印证丁香的清新高洁。此时，我的目光不禁又落到窗外的芭蕉上，阳光也不知何时爬上了叶面，很是耀眼。

“我们一起来读读第二节，感受丁香的气息。”

“为什么诗人反复说丁香一样的、丁香一样的？”

“这样是排比。”学生回答。

海珍随即做了一个诗句的改动，把三句丁香的诗句简化为一句。这个改写很花心思，一读一比效果就出来了。

“感觉没有诗歌的意境。”

“原诗是强调丁香一样的。”

“意义上有点递进。”

海珍很想把诗的“音律美”传达给学生。富于音乐性是《雨巷》的另一个突出的艺术特色，艺术上的音律之美是《雨巷》为人称道的一大原因。诗中运用了复沓、叠句、重唱等手法，造成了回环往复的旋律和婉转悦耳的乐感。于是，海珍在处理“意象”点的教学时，又回到了诗歌的音乐性。

“有没有一种哀怨的感觉？有没有？你来读读。”

教师要杜绝“有没有”这样的表述，仿佛是在逼问学生，在执意等待那句“有”的回答。

“还有这样的语句吗？”

“第三节中的‘像我一样’，后面的‘像梦一样’，还有第一节中的‘油纸伞’。”

“消了她的颜色，散了她的芬芳……”

“所以，不仅是在韵脚上，在章节上也构成了回环。”海珍总结道。

至此，“丁香”以及由“丁香”延伸的音律美告一段落。但是，很明显，海珍并没有引导学生充分感受“丁香”的象征意义。戴望舒深受古典诗词的陶冶如何让学生感知？怎么解决意象的象征意义？海珍没有给出方法。意象是蕴含思想感情的具体形象，客观的景物一旦渗透了诗人的主观情感，即成为诗歌的意象。要教会学生展开联想与想象，用意象这把钥匙，打开诗歌世界的大门，走近新诗，自主阅读，感悟探索。所以，这个教学点海珍还要琢磨透彻，蜻蜓点水自然难以举一反三。

其他意象呢？

对于“雨巷”这一意象，PPT 上显示的是汪曾祺对胡同的解说：“不仅使人产生怀旧情绪，甚至有些伤感，使人怅望低徊。”

学生说起了雨巷的“悠长”，读起了雨巷的“悠长和寂寥”，我总觉得最美的诗歌教学情韵还是在读中。

望着 PPT 上关于意象的文字和图片，我很担心，海珍是不是要把这许多的意象一一分析过来。课上到这里，海珍的思路要做出调整，若每个意象都去讲，那《雨巷》这首诗就变成了镜头剪辑，教学时间和空间最后只能充溢着技术性的分析。

该分析“姑娘”这个雨巷里最美的意象了，那姑娘代表什么，象征什么？其实，我至今也不完全肯定诗中的“姑娘”是谁，代表着什么。诗歌，不要定格成必然。美，就是朦胧，就是抽象，就是明知有这样一种美，但又说不出。说透了一种美，就破坏了其他美的存在。一切没有说穿，没有点透，但我们却在读中懂了，感觉到了，这才是好的诗歌教学。难啊，《雨巷》。你不能直白，又无法晦涩，这种朦朦胧胧，是比生活更美的艺术想象的产物。

我尤其不主张教师着急地去用创作背景来解读诗歌。

果然，海珍开始讲革命文艺工作了。“姑娘”开始转化成革命的工具，《雨巷》变成了 1927 年夏天，变成了白色恐怖，变成了孤寂中咀嚼着大革命失败后的幻灭与痛苦。如果学生能读出那个夏天的江南雨巷，那是学生的慧心，我们可以点拨，但绝不要刻意。我情愿，那悠长的雨巷是一种无法言说的迷惘的情绪和朦胧的希望。诗人没有把诗的意义限死在一个层面上，我们要引导学生从《雨巷》中领悟出更多。

在诗歌教学中，让学生获得一颗诗心，也许比什么都重要。学生读了《雨巷》，如果在未来的日子里，在雨中漫步，在小巷深处，甚至在一位姑娘从身边飘过的时候，会想起那遥远的一声丁香般的叹息，就是一种最美的教学回应。“姑娘”的美，进入我们的灵魂，那悠长寂寥的雨巷、颓圮的篱墙、冷冷的哀怨、蒙蒙的细雨……

“首尾呼应，也构成了语言上的回环复沓之美，叶圣陶说‘替新诗的音节开了一个新的纪元’。我们再来读读。”课堂聚焦在“意象”和“音韵”上，最后走向主题探讨，但在教学过程中，又多是包裹在一起、纠缠在一起的。教学时应该梳理得更清晰。诗歌课上，最美的从来不是解析，而是师生真诚的诵读声音。真的，你听——

教室的窗帘被拉上了，遮住了我喜爱的那片芭蕉叶，但绿色是遮不住的，它只印在心里。诗歌也一样，最后一个女孩的朗读让我走进了悠远的雨巷，有声音，雨巷就在心里。而那“姑娘”，那惆怅的“我”，还有戴望舒，最后都只融进悠远的朦胧的雨巷。

《雨巷》，用声音来行走吧，悠长，悠长，韵无穷意无限……

第四辑

教育的美好姿态

1

一把吉他，一个舞台，我坐在灯光下，静静地弹唱自己的歌。你们静静地坐着，时间成了安静的河。

2

把所有的心情揉碎成文字，挂在梧桐树上是诗，散落在草丛里是歌。我是今夜的诗人，大地是我的读者，所有静默不语的，都是我的听众。

3

我写歌，我干渴的声音浸润在你的等待中。我不谱曲，星星和萤火虫自会飞舞成黑夜的旋律。

4

作家，只写一部作品，只写一句呓语，只宣泄一种烦忧，只流淌一种愤懑，只坠落一颗星星，只等待一个读者。

5

我在这里，蚂蚁能找到我的痕迹，我听得懂紫藤的哭泣。

6

翻译家，我把苦难译成微笑，我把绝望译成憧憬，我把黑夜译成昏黄的灯，我把远方译成脚下的路。

7

宣判席上，黑暗隐匿不住它的暧昧，黎明坦白它的清亮。告诉迷路的飞鸟，那里有森林，所有的枝条，都朝向天空。

8

星星流泪了，落到我的手心里，听我歌唱。我的世界，你的天空。

9

骑一匹马，瘦瘦的，千山万水都是我的日记。

10

剪下我的黑发，给你，我的爸爸，你挺直了岁月的佝偻。

11

母亲的眼泪，洗净了她的浑浊，日子，不再忧伤。

12

挖出秋天下长眠的我的童年，我的孩子，我和你永不长大。

13

这个世界没有哲学，我傻傻地快乐着。

14

教育，糖果般美好的时光。

15

我唱着歌，走向童年。生命只有回归，没有告别。

16

读书，每一天。

孩子，是谁让你如此深刻

暑假，闲来无事，隔壁的初中生便常来叩我的门，让我在他买的作文书里挑几篇范文。不看则已，一看汗颜。一篇篇文章字字珠玑，句句精美，才气逼人。或历史材料古为今用，或名言锦句信手拈来，个个构思大气，旁征博引，哲理与诗意跃动，深刻与广博共舞。只是放眼望去，满山成熟却一种模式，唯独不见初中生应有的那份纯真与灵动。真想问一问，孩子，你的十六岁真能如此深刻吗？

自然，深刻与成熟是生命的品位。学会深刻，更是一种人生的升华。只是生活中令人心动的睿智，是否就只体现为作文中堆砌的历史故事和名言锦句？看到窗外那棵才萌芽的盆景，我有着隐隐的担忧。

寻其源头，还是功利当道。林清玄说："好作品不是文字本身，而是从感情开始，有真感情才会有好文章。感情从哪里来？从感受、感觉、感动来。如果你是没有感情的人，那你就不要写作。"余华希望自己的写作更有意义，这意义是"写出拥有灵魂和希望的作品"。可见，写作，是生命的真诚寻找，寻找我们的灵魂，寻找我们的精神，寻找我们自己。可是，面对考试，作文在很多人眼里，早已不是抒发真情、折射人生的载体，而只是分数的零件、升学的台阶。快节奏的社会，高频率的生活，当一切都可以在速度的提升中超快实现时，作文里的假哲学也就泛滥成灾了。考前背作文，考中套作文，考后笑作文，作文就这样被人奚落而尴尬着。有人戏言，高考作文唯一的议论对象，乃是"人生"。现在的高分作文，往往需要排比句，需要古诗词，需要历史呻吟，需要哲学眼光，需要矫情缀饰，学生熟悉了这一套，也开始泛滥他的“郁闷”“深沉”。考场作文往往变成故作深沉地说几句庄子、说几句尼采，或把历史人物重新挖出来，套用话题演绎人生，再或者刻意玩味语言，朦胧一番。总之，一副比百岁老人还要有历练的样子、一个比哲学家还要懂辩证法的姿态，在考场作文中是绝对必要的。

不必怪孩子，孩子够辛苦的了，要读那么多如此深刻的文句；不必怨老师，老师够为难的了，阅卷者也许就喜欢这样的深刻。于是，作文不是心河的真实流淌，而是素材的拼凑与组装，作文就这样成了一种嘲笑的游戏。

观中学作文教学的现状，一些问题不得不令人忧虑。诸如“假”，说假话，写假事；“大”，青少年说大人话，毫无纯真流露；“空”，内容空洞，不实在，不具体；“抄”，一段一段甚至整篇整篇地抄袭范文；“套”，千人一面，没有个性和特点，几乎是从一个模式里走出来的。我无意批驳这些范文，也很羡慕作者们的才气，只是害怕这样的文风盛行，会令孩子丧失了写作和阅读的乐趣。在我们担心保健品使孩子“性早熟”时，是否也应该防止中学生作文里出现“假成熟”或“模式化的成熟”？不可否认，现在的孩子更成熟，思考也具有个性和社会责任感。只是，为赋新词强说愁，一成不变地把思想机械地置入模式化的作文，一切就有了做作之嫌。

《长江日报》评论员刘洪波说：“二十多年前我高考的时候，作文老师奉献了他对高考命题的破解：作文就是弯弯绕，围着人生观来回绕，正反面材料反复绕，所有材料千方百计绕到题目上去，事成。他深知一个并无太多人生体验的学生，怎样作出看上去正确又深刻的好文章。今天，这种专门对付高考的假把式人生思考，仍然可以作为考场秘籍。”作文究竟成了怎样一回事，此语可窥一斑。往者不可谏，来者犹可追，只是当我也无奈地贩卖起应试作文秘籍，点化着现在和未来的考生时，我很惶恐却无力挣扎。多想让学生自由大胆地流露情感，让美丽在阶前小河中流淌，让真实在作文土地上成长。只是这样丰富多彩的深刻，又在哪里？

忽然想起一句：我们的风景，我们匆忙或从容的眼睛。

教师，请学会倾听另一种声音

“白色的冰面上，二十岁的张丹用她的坚强感动了全世界，在花样滑冰这个绝美的项目中，我们再一次错过了金牌，但泪眼婆娑的张丹把遗憾变成了震撼。第一次，冠军沦为了配角；第一次，摔倒也可以如此亮丽！”班会课上，我如此激情澎湃地赞扬着冬奥会的英雄、感动世界的中国花样滑冰选手。“老师，为什么摔倒了还要继续滑下去？万一残了怎么办呢？生命、健康难道不比一枚奖牌更重要吗？”一个充满着人文精神的抗议传来。我一呆，是一个女生。她很真诚地期待着，眼睛里装满了清澈，一看就知道是一个爱极了世间生灵的女孩。我哑然，很快我就微笑了，把赞许的目光投印在这个直率透明的女孩身上，瞬时，教室里掌声如潮。

原来，学会倾听另一种声音，才是尊重的教育，才是民主的教育。

市一模考后的一个晚自习，三个男生喝着白酒，说着胡话，影响着班级纪律。距高考只有一百多天了，岂能容许害群之马存在？我怒气冲冲地闯进教室，把他们仨逮个正着，立马劈头盖脸地揪到走廊大声斥责起来。三个男生带着点点酒气，低着脑袋说错了。正当我心里充满成就感时，他们却俯在我的肩头肆意大哭。“老师，我们不是有意这样的，是我们心情太差，压力太大啊！老师，你说我们还有希望吗？一百天，真能改变什么吗？”一连串的心灵呼喊平息了我心头的怒火。为什么我不能先听听他们的困惑，而只顾一味倾泻自己的愤怒？为什么我不能先触摸他们的惶恐，而只顾恣意寻找自己心理的平衡？我随即静了下来，慢慢地抚摩着他们内心的褶皱，师生的和谐在这个雨夜更加动人。

原来，学会倾听另一种声音，才是充满人性的教育，才是宽容与博爱的教育。

《拿来主义》一文的教学中，我大声疾呼鲁迅的“拿来主义”精神，对鲁迅的深刻与犀利大加称赞。“时代需要拿来，发展需要拿来，鲁迅，不愧是漫漫长夜里的指明灯！”我期待着同学们露出敬佩的眼神。“老师，我怎么觉得鲁迅先生对京剧有偏见呢？”突然而至的声音，实打实地划破了教室里暂时的静谧，窃窃私语的声音顿时如虫蚁般游走。我有点气恼，可是尴尬的瞬间我又觉得这个看法有几分道理。是啊，此类老课文在特定语境下经过一代一代的传授，已然形成了固定的教学套路，似乎颠扑不破。其实，讲鲁文须得有平视的眼光，切不可顶礼膜拜。老文章还真须从文化层面上进行一番梳理，否则容易导致惯性思维。这一想，我向他竖起了大拇指，然后带头为这个极富创造性的想法鼓掌喝彩。

原来，学会倾听另一种声音，才是富有创意的教育，才是培养理性、弘扬个性的教育。

其实，许多时候，我们教师还不够民主，教育教学中主观武断，总是以自己的意志或想法总结所有课堂。对横生枝节的某些声音不愿听或听之不进，如雅斯贝尔斯所言，“认为自己比学生优越，对学生耳提面命，不能与学生平等相待，更不能向学生敞开自己的心扉”。教师与学生之间森严的壁垒未见拆除，来自学生心底的声音总不能穿越隔阂，自由唱响。

想起自己中学时代的压抑与惶惑，想起眼前学生眼眸里的清澈与勇敢，我把反省与鞭策烙印在无眠的夜幕上。

原来，教育的内涵不在于灌输而在于滋润，教育的魅力不在于接受而在于催化，教育的目标不在于复制而在于更新。这样，作为教师，你就要学会倾听更多的另一种声音，真诚的声音、异样的声音，甚至叛逆的声音。因为教育意味着尊重，而尊重，就要容纳更多的震撼。那么，就请打开更多的窗，让七彩的阳光照亮你的教学空间。

教育的美好姿态

请别奢望我会把所有时间都给学校，给学生，那不是教育，至少不是我要的教育。

下课了，改完作业了，备好课了，从迈出校园的那一刻起，我就该走向教育工作以外的我。我很认真地工作，很讲效率地教书，就是为了能赢得更多属于自己的时间。阳光照耀在肩上，我会暖暖地走向原野，走向森林。我看着小鸟在空中轻捷地划过痕迹，我看着小草在土地的呓语声中悄悄萌芽，所有小虫子都和我一起轻舞飞扬，我就把春天留在我的眼睛里。雪花倏忽钻进我的衣领，我会伸出手接过下一朵花瓣一样的晶莹，等待空中下一个柔软的飘落，把足迹留在雪白的大地上。当呵出的空气遁形于苍茫清冷的天宇间，我就把冬天融在我的希望里。

静下心来，我要阅读，读留在我枕边的智慧，与哲人对话，与思想碰撞。当然，我不一定必须读教育书籍，也不一定要写成读后感或抄成读书笔记。我也喜欢看看休闲的书，一个笑话、一个幽默都足以让我在一整天里轻松愉快。

然后，我一定会听我的音乐。在成堆的唱片里，我会找出几张。或是尼古拉·安捷罗斯柔情浪漫、舒爽甜蜜的吉他独奏《安娜小笺》及《人们的梦》，音符在指尖划出一片惬意的天空，震颤着琴弦，也震颤着心灵。或者是肯尼·基优雅的萨克斯，哀伤、寂寞，甜蜜、喜悦，在极致浪漫的高音中，开始一段翱翔在深情旋律中的美好时光……没有教学的繁杂，没有工作的疲惫，音乐似水，我沐浴其中。喧嚣的城镇也开始安静，与我一起寂寞又默契地感受一种浓郁芬芳的升华与密集的沉淀。

还有，我要与我的亲人一起吃饭、唠家常，陪我的孩子蹲在地上看蚂蚁怎样穿过一座小沙堆，看月光怎样泛上青草尖，看童年的风筝飞上哪朵云彩……我要陪大家看一部也许我会觉得很无聊的电视，和他们说些课堂上我永远不会说的笑话。一次远行，几声高唱，山水与我一起惬意。周末了，我也许会整天待在网上，发几个帖子，转几个段子，累了就洗洗脸睡觉，等等。我还可以想出很多的乐子，供自己慢慢触摸，细细舔舐。

只是，别让我只扑在“教育”这个词上，谁都不可以夺走我自己的时间。别总站在道德的制高点要求我，因为除了教师这个角色，我还有其他的身份。

别要求我奉献得太多，尤其在我感到身心疲惫的时候。我可以是蜡烛，那是我的敬业。但积劳成疾下的敬业，又能留多少真实和效率送给我亲爱的学生们？爱，需要激情，更需要理智。懂事的学生需要的是身心健康的老师，而不是拖着病体一味用感动来垫高的授课者。病了，我就会休息；累了，我应该放松。

看，休憩之后的奔流更有力量；听，调整之后的步伐更为坚实。懂得进退的人生才是真正有意义的人生，深谙动静之理的工作才最能体现高效率。负责，就是对教学效率的关注。所以，累了，就歇歇吧，放手几节课，孩子依然会在路上鲜亮地成长。从事太阳底下最崇高的职业，并不要求我做太阳底下最无谓的牺牲。奉献教育，不是短暂的生命消耗，而是持久的动力支撑。

站在讲台上，我是阳光，走出学校，我要有我的幸福。这，就是教育的美好姿态。享受生活，享受教育，是我们的选择。

把自己教成一个学生

“我把自己教成了一个学生，我把自己教回到课堂，我把自己教回了童年……这也许就是为什么在离开课堂之后，我仍然对教育保持着热情，仍然对世界保持着好奇心，仍然在思考着学校里和课堂上发生的所有教育。”对吴非老师的这段文字，我必须肃然起敬。

细细品读，文字后有这样两颗心：童心、学子心。

这个世界，最珍贵的是什么？不是苦心经营中你拥有的金银珠宝，不是几番周折后你获取的功名地位，而是历经沧桑、饱尝人世风雨后，你依然不变甚至更为灿烂的那颗纯真的童心。像个孩子一样，让眼睛清澈，让语言闪光，对世界有爱，对人世无虑，永远没有歹意，从来不会算计，心，洁净得如同水晶。像个孩子一样，有的是热情，有的是好奇，可以忧伤地哭泣，却永远在蹦蹦跳跳、永远在奔跑，那泪水，是天空和大地的另一种微笑。像个孩子一样，在秋天的落叶中读到诗句，在质朴的泥土里听出歌唱。每一阵风过，掠起的都是我们对世界最纯真的感怀，每一滴雨落，溅出的都是世界给我们最诚恳的祝福。童心，让我们对世界充满想象，让我们为生命留住好奇。叔本华说：“人，要么庸俗，要么孤独。”童心却让我们远离了庸俗，又避开了沉沉的孤独。

把自己教成一个学生，把自己教回童年，吴非老师的教育理想如此简单，又如此丰盈。浮沉在这个欲望横流的现实社会中，曾经光亮剔透的眼睛现在都蒙上了一层迷茫，哪里还见得一分天真？物质地生活，随意地教书，对课堂缺乏想象力，教学的热情也日渐黯淡，这可能就是我们多数教师的教育生活现状。我们不是且思且行，而是得过且过，漫不经心地游走在理想和现实的缝隙间。我们浑浊的眼神里，住不进一只飞鸟的翅膀，藏不了一脉流水的忧伤。我们看世界，永远是越来越高的大楼、越来越炫目的霓虹，我们歆羡的崇高和优雅都和物质紧紧关联。不肯久久地蹲在沙堆旁凝视一群蚂蚁的长征，不肯守望在麦田里嗅出穗子里的阳光，那么课堂上我们必要的创造力和激情也会渐渐萎缩。把自己教成学生，是因为“真正的伟人决不抛弃童真”（高尔基）。古人李贽有言：“夫童心者，真心也。……若失却童心，便失却真心；失却真心，便失却真人。人而非真，全不复有初矣。”成长，是让我们告别无知和迷茫、丰富自我、去洞察世界的奥秘；而成熟，则是让我们洗尽铅华、过滤人间俗气、回到我们最初的纯真、简化自我、去守住纯美人性的秘密。生命的轮回，如此；教育和教育者的轮回，也该如此。

把自己教成一个学生，把自己教回到课堂，把自己教回了童年，这，还是希望自己永存一颗学习的心。吴非老师说：“教师职业的任务，是让学生‘学会学习’，因为这一点，教师自己必须是真正善于学习的人。因为只有教师知道如何去学，学生才有可能跟随他学习。”吴非老师是这样说的，更是这样做的：“我的智慧是有限的，好多领域的知识我不了解，好多应当读的书我没读过，这就让我始终把继续学习当作生活的主要内容。”“在长期的工作中，认识了很多比我年轻的教师，我只注意他们强于我的地方，这样，我丰富了自己的视野，学到了更有趣的知识”，思考，学习，实践，他把自己教成了一个学生，所以，退休后他发现“自己真的比三十年前聪明了一些，在对职业的认识上有了新的高度”。这种感觉真的很好！

教师这一职业，是与学习和阅读联系最紧密的职业。教育不能仅仅凭借爱心，也需要智慧。可是现在教育中存在一种非常奇怪但又不难理解的状况：应试的教学经验越丰富，改革传统教育的意识就越淡薄，自觉学习、终身学习更沦为空谈。功利化教育的熏染，使得很多老师“初出茅庐时的教育理想很快消磨殆尽，教学激情随之消磨一空，更不用说什么教学风格了，偶尔有过的那一点课堂魅力不过是昙花一现”（吴非）。足以应付中考和高考的经验和技巧、落后的评价机制带来的显性利益，更容易让老师成为考试机器上的一个部件。这样，最该和学习相依相生的我们，逐渐远离了我们自己的“课堂”，远离了我们自己的“学习”。

孩子呢？孩子对世界永远好奇，孩子对未知永存探究之心。教师把自己教成了一个学生，那是因为“承认自己需要学习，才可能有真正的学习”（吴非）。数学特级教师俞正强在一次学期结束的时候，问四年级的小朋友一个问题：“一个学期下来了，你们跟我说说自己有什么进步啊？”一个小女孩马上举手，站起来问：“俞老师，那您说说，一个学期下来，您有什么进步啊？”顿时，那些小朋友的目光就像放电一样“刷”地射了过来，仿佛很多大灯泡聚焦在俞老师的身上。后来，俞老师写了一篇文章，题目就是“老师，你进步了吗？”。

“问渠哪得清如许，为有源头活水来。”教师也需要不断进步，所谓“吾生也有涯，而知也无涯”。知识经济时代，接受教育不再是一劳永逸的行为，教师要自觉地、积极地去学习、去更新，且学且思，研行并举。朱永新老师一直主张“所有的学科都应该有深度的阅读”，注意，是“所有的”学科。教师善于学习、勤于学习，才能真正把孩子们带向学科的广博与深邃。苏霍姆林斯基也说过：“一些优秀教师的教育技巧的提高，正是由于他们持之以恒地读书，不断地补充他们的知识的大海。”知识是大海，而在大海面前最能存有一份热爱与探索之心的，莫过于纯真的孩子。把自己教成一个孩子，回到课堂、回到童年，不是要回到幼稚、回到肤浅，而是要找到那颗爱学习、爱思考的心。像孩子那样吧，回到热情学习的年代，让学习和超越成为一种甜美的生活，教学也会因此活力永存，智慧永在。

周国平先生认为，这世界上有两个传承高贵的圣殿，一个是优秀教师的课堂，一个是摆满大师作品的图书馆。最能安静徜徉或陶醉在这两个圣殿里的心，我想，应该就是童心和学习心，应该就是纯真学子的心。把自己教成一个孩子，就是让自己在浮躁喧哗中保持清醒和热情。教师的生命，是和学生的生命共生互动的，教回课堂，教回童年，是在提醒我们要从学生那里汲取生命力，永远保持新鲜感，不断学习，不断思考，使自我生命处在不断新生的过程中。

钱理群先生有本书，叫作“做教师真难，真好”，光这书名就能让我们感慨万千。做教师，把自己教成一个学生，真难，但做教师，把自己教成一个学生，实在又是真好！

如此，用我们的童心、我们的学习心，对教育永保热情，对世界永存好奇，让我们的生命、我们的课堂，永远绚烂芬芳。

慢下来的时光

《慢下来的时光》，学生们写着作文，我却莫名忧伤。

“慢下来的时光”，在我疾步奔跑、无暇喘息的时分，这柔软的短语很幽默地给了我一种击倒般的战栗。在多年苦苦的经营中，我很少说累，说苦，我总是用一种平和的微笑阳光地包裹自己。外表上的自己多了一丝温和，内心的自己多了一份坚韧。多苦多难的日子，我都不在意自己的伤痛，我以为这就是坚强了。可是，这“慢下来的时光”却如同一张丝绵般的大手，拂走了我一脸的微笑，剥蚀去满身的坚强，然后，我只剩下脆弱，留下疼痛……我这才发现，岁月里处处迅疾奔跑的背影，其实是真正落寞的，它不足以支撑我们所有的时光。我想找个椅子，坐成一种长久的姿势，我说，我要休息，我要歇歇。因为生活慢下来了，时光慢下来了，我的心才会慢下来。

那么多忙碌的日子，我们一直都在奔跑，也一直被逼着奔跑。读书的时候想着第一，考大学的时候想着榜上有名，工作的时候想着脱颖而出……不能慢，一慢就是懈怠，就会看到更多人超越自己。跑出杰出，跑出优秀，跑出骄傲，跑出完美。这样，父亲佝偻的背影有了挺拔，母亲褶皱的面颊多了欣慰，风雨飘摇中贫困孱弱的家有了尊严的支撑。我看着我满架的书籍，看着我码成山的唱片，灰尘处，是我在翻检岁月的记忆，那一束塑料花，涂上色彩，毫无生命地绽放。那么，我的日子呢？是不是也在这样疲惫的行走中衰败枯萎？

慢下来的时光，是什么样的时光？儿子在听着他的歌谣，一双小脚悠闲地高翘在沙发上，手里是他的漫画，全然不似我现在的沉郁和挣扎。我一直说，要努力，给他一个幸福的明天，可是，他需要我去为他创造吗？需要我去为他争取吗？难道我未来的骄傲，要落在他身上去闪烁吗？我想起让他一次次跟读英语的蹒跚的时间，让他一次次坐在琴房里弹奏的委屈的时间，我就觉得我这是在转嫁苦难。真的，我喜欢看他脸上无邪的微笑，喜欢读他一脑袋神奇的思考，喜欢听他梦语着快乐的声音……我没让自己慢下来，也加速着孩子的奔跑，稀释着他越来越少的快乐，我觉得，我在犯罪。

慢下来的时光，是什么样的时光？我想象着我一次次的旅行，在海滩上的奔跑，在山谷中的流连，我会俯身去看一朵花开出一瓣微笑，会坐在石头上听山风的诉说……一只蚂蚁窸窸窣窣地爬过眼前，我给它划上一道指引，它很倔强地坚持自己的方向。一片叶子蝴蝶般地掠过视线，我伸出我的手，给它一个温暖的呵护，然后看着它再次飘落。一只鸟悠悠地飞过，森林里不再寂静，天空瞬时高远了许多。慢下来的时光，若是这样，就是我的心到了最初期待的时候。我想走进幽深的巷子，看石阶的小路铺向远方。我想融入清冷的街道，思考一段长长的人生。我真的，愿意这样寂寞着，不为繁华的喧嚣，不为世俗的诱惑，我的心，就这样一片蓝，直蓝到天际……

慢下来的时光，给自己爱着的人。慢下来的时光，给自己爱着的事。可是，我知道，这样的世界，有着一种残酷。我游荡着，我的受伤就是家的受伤，我的停顿就是家的静止。我的唱片只能在夜深的时候响起，我的书籍只能在寂寞的时间被翻阅。心，是浮夸的；我，就是浮躁的。而世界的悲哀在于，当我浮躁的时候，我才得到大众的认可。我不能清醒，清醒就是点数伤疤的时候，还是和大家一起奔跑吧。世界的节奏，才是你的节奏，社会的频率，才是你的频率。

孤独，缓慢，就失去世界了吗？我迷茫地想。

我给孩子们一个“慢下来的时光”去思索，可是我知道，一旦你慢下来了，被淘汰的就不只是一篇作文。

原谅我，孩子们。山的那边还会有山，翻山越岭的不是悠闲的脚步。这个社会，需要的不是你一路的风光，而是你最后的抵达。我，说服不了我自己。

慢下来的时光，在我童年的蓝天上，在我儿时的小人书里，那里，慢下来的不仅仅是我手里的书本，还有童话的背景。

我俗气了！可我努力表现出一种没有沉沦的清澈。

对不起。

穿越群体，你却不是孤岛

一

穿越群体！

我是在黄惟勇老师的文章里找到的这四个字，这是我很长一段时间里苦苦搜索却总不可得的慰藉和劝勉。我一度悲观，在这越发浮夸繁杂的社会以及喧闹功利的语文世界里，我找不到希望，也不敢有希望，我足够清醒又不得不迷茫。我们摇摇晃晃，却总以为自己步履稳健；我们浮躁不安，却又以清醒救世自诩。路很多，走的人更多，跑着飞着的更多，目标是哪里，谁都不知道，谁都不想知道。风景换了一茬又一茬，心灵依旧裹在雾霾中，我们笑着，迎合着世俗的表情和节拍。

这样，最安全。安全，我们生存的最基础。

“奈何一个人随着年龄增长，梦想便不复轻盈。他开始用双手掂量生活，更看重果实而非花朵。”爱尔兰诗人叶芝很清醒地洞察着年龄和世俗的秘密，我们步入“奈何”，不知不觉甚至习以为常，我们沉浮在喧嚣和浮躁里却以为生活就该如此，教育就该如此，我们甚至忘记了我们的名字是和生命、和诗意、和文明、和未来紧紧相依的。那个曾经镌刻在我们内心的誓言，早已经被世俗的烟尘、生活的压力，被功利世界的各种需求剥蚀得斑斑驳驳。清醒是一种痛，呐喊是一种险，混迹于人群沉沉浮浮是生活的大法则。既然沉疴积弊，已非一朝一夕，那么就安于沉积，浮于泛滥。我们都觉得不安全，孤独和高冷最不安全，于是，我们把自己交给群体。我们都觉得不快乐，清醒和理智最不快乐，于是，群体用喧嚣融化我们，湮没自我。我们的生活，伪装得很自然，很愉悦，很平衡。

王小波说："一个人只拥有此生此世是不够的，他还应该拥有诗意的世界。"混迹在浮躁与喧嚣中，很少有人愿意想起这样的句子。这样生活的人早已远离，这个世界却真正堕落成了"黄金""白银"的时代。《一只特立独行的猪》《沉默的大多数》《我的精神家园》，只读读书名，我就会心甘情愿地膜拜于王小波自由者的理想下。可是，今天，再去读读这样的题目，我更为自己和这个世界忧伤。王小波说："我最想做的不是提升别人的灵魂，而是提升自己的灵魂。"我们还有属于自己的精神家园吗？我们把灵魂遗落在哪个地方？诗人没有群体，文学没有群体，语文能有群体吗？面朝大海，春暖花开，可大海如此遥远。"的确，这就是世界。"我把顾城的句子稀释在世俗中，我看不到诗歌，看不到我们中意的美好，可是，的确，这就是世界。

在沉默的大多数中，我不能特立独行。我们快乐地没有负担地活着，像一只猪。

二

"我谦卑于我的教育身份，并因为这样的谦卑，审慎于我的教育行为——我希望我为学生打开的这扇门，更可能是一扇通向无限可能、无限自由之门，一扇面对生命此在意义与未来意义之门。因之，我坚持我的'精神语文'之路，坚持以反思的姿态面对教育。"成旭梅老师写的这段心灵之语，我很喜欢，向"谦卑"致敬！

谦卑者才有审慎，才愿意从污浊中挖掘自己的心。我们已经很不习惯于叩问并捶打自己的心了，我们总是忙于抨击心以外的天空和自己以外的人。我们放大自己的教育身份，不愿意去承受西西弗斯般的苦难，而乐此不疲地把他人捆缚在技术或道德的十字架上，判断的准则就是我们自己的心。我们习惯于在人群中扬起头颅，以为这样会让我们的思想也扬起头头颅，却忘记测量自己脚下的土地是否坚实。每一个与我有关的人，甚至每一棵与我并不遥远的树，不管是嫩叶新发，还是枝繁叶茂，我们都不愿意用最澄澈的目光去抚摸。终有一天，我们会不无遗憾地发现，压住他人的肩膀，并不能垫起自己的身高。功利心满满的指指点点，本义和自我已然失真。谦卑，才是我们走向高大、塑造伟岸的身份证。因为谦卑，你会谨言慎行，反思自我；因为谦卑，你会积极汲取，乐于借鉴；因为谦卑，你会真诚地相信，“每个人都被河水洗过，都有一片土地”（顾城）。

谦卑者才有希望，谦卑者才有坚持。自大的心遮蔽的是自己的眼睛，自卑的眼睛遮蔽的是自己的心，唯有谦卑，我们才能对这个世界，对每一株小草、每一声虫鸣，既有敬畏又有交流，既有解剖又敢于展示。谦卑者，才拥有天地之广和内心之丰，才能在生命现在意义与未来意义的思考中不迷茫、不混沌。生活如此，教育如此，做人，亦当如此。

“我播下了心 / 它会萌芽吗？ / 会，完全可能 / 当我和道路消失之后 / 将有几片绿叶 / 从荒地中醒来。”我站在荒地上，听顾城吟唱心灵，我带着无尽的惭愧，望向每一条河流，每一朵云。

三

走了那么远，我们去寻找一盏灯。

你的心，却还漂泊在如堆的灯火中，看似灿烂，没有光亮。

灯散尽，你就熄灭了。

所有灯都笑，只有一盏哭着。

四

我没有读过那本现象级小说《岛上书店》，可我羡慕那座维多利亚风格的小屋，仅仅是因为它的门廊上挂着的褪色招牌上的一行广告语：“没有谁是一座孤岛，每本书都是一个世界。”

它在瞬间击中我骄傲的心。

每本书都是一个世界。也就是说，每个人都是一个世界，也就是说，你，我，都是一个世界。那为什么我们还要如此若有所失？那为什么我们还要这样孤独无依？我们可以走向每一本书，为什么，我们不愿意走向每一个自己？我，是世界的唯一，世界的丰富与博大其实都和我互相黏附。我们太过于计较自己的孤独，我们害怕自己在世界面前没有回声。

可是，你为什么一定要喊呢？或者，你为什么要和大家一起去喊呢？

穿越群体，让自己的心灵嘹亮，我听到了我的歌唱。安静，世界的声音都是你的，你的声音就是世界的。

穿越群体，不是远离群体，而是适度保持距离，留出空间让你找到自己。如黄惟勇老师所说，它不是“回避群体”“独善其身”“出淤泥而不染”等中国传统类型化的个体形象“设计”。尊重群体又不限于群体，倾听群体又能守住自己的内心，这样的人，在语文教学的路上才能留下深深的脚印，他的声音、他的心灵才会深深嵌进课堂，化作一盏灯，照亮远行者的路。

迷失，不是因为孤独，而是因为喧嚣。平庸，则是我们跌进了世俗的安全里。安耽于群体，也会黯淡于群体。荷兰医学博士罗伊·马丁纳说：“我生命里的一大突破，就是不再为别人对我的看法而担忧。此后，我真的能自由地去做我认为对自己最好的事。”穿越群体，是为了敲到自己的心门，是为了走到内心的最深处。“我的眼睛向空阔处四望，最后才合上眼说：‘你原来在这里！’”泰戈尔的动作，教会我们最后的领悟。

没有谁是一座孤岛，但你，确确实实，是一座丰富精致的岛。你有你的世界，你有你的浪潮。穿越群体，找到我们自己的心，谦卑又阳光的心。

五

如此，走吧，路啊路。

教育的幸福不是熬出来的

“我不关心你飞得有多高，我只想知道你飞得好不好。”深夜里，读完朋友的祝福短信，我重重一叹，心就和夜一般沉寂凄楚。

哪里有什么高，根本就不是在飞。黑夜里，我是个赶路的人，在夜幕最浓的时候才能收住疲惫的脚步，而等那一丝光亮穿透黑暗的时候，我又得睁开惺忪的睡眼，拖动沉重的身躯，勉强做出轻松的姿态去踩响阳光的节奏。不是在飞，飞会有更高的天空，飞能有更宽广的视野，飞能领略不一样的风景。我的风景呢？今天是昨天的频道，明天是今天的翻版。校园的色彩，早已经斑斓成单调，就像一季一季的校服，永远是清一色的运动款式。所有涂满校园的那些和“教育”、和“生命”有关的鲜艳的词语，都已经蜕化成“分数”“名次”“重点率”这样面目可憎的字眼。而它们，还在冷冷的墙上，不停地督促着我们。我不是在飞，是在拼命地赶路，周围很多赶路的人，都以崇高的名义，赶着我上路，我不能掉队。

“你累吗？”手机里，同事悄悄传递着关心。可是，你不也累吗？冬天，早晨六点，你要顶着寒风骑车去学校，和宿管一起叫醒每一个徜徉在梦中的学生。每唤醒一个梦，你都会歉意地看着他，仿佛看着还酣睡在自家大床上的孩子。你的孩子，会在梦中晃动着粉嫩的小手，下意识地摸向空空的一侧。想起这一幕，你更会痴痴地望着那一张张空木床，时间静穆，你也静穆。一天的工作开始了，早读，上课，改作业，谈心，一次次走在走廊上，透过玻璃窗窥视，其实你也不喜欢这样不正大、不光明，可是，你必须这样。你要盯着每一个表情，你担心他们的眼神会偶尔瞄向窗外树上的鸟窝，你得阻止他们的思绪飞到掠过的一只蜻蜓上。中午，清风吹来，夏日的蝉鸣惊醒了你的瞌睡，你很自责地摇摇头。由于这一段小睡，你的学生可能趁机吹起了口哨，聊起了歌星球星，这些，和考试绝不相干。于是，你又要急慌慌地走进教室。你得留意地上的每一点纸屑，你要猜测教室里的每一缕躁动，你甚至要这样持续担忧到深夜。当你走出晚自习的教室，你要目送每一个孩子离去，你要提醒他们安静地入睡，然后，你和月亮一起走在归家的路上。你的孩子睡了，他等不到你的怀抱。很快，台灯下，你又开始准备明天的教学设计，而手机，还得开着……

累，而且无休无止。

花样无尽的考核，名目繁多的检查，各种形式的竞争，还有那永远翻转的课改名词。我很想在课堂上讲出美丽真诚的语文，可是，同事们用熬红的眼睛和飞速的批改终于在平均分上拉开了我一个百分点的距离。学校认可这一点，家长喜欢这一点，我就不能输掉这一点。分数让我们之间的关系变得微妙，这世界原该天清地宁的。公开课、优质课、观摩课，一张张网笼罩着我们，专家们永远说着我们听不懂的话。理念年年出新，我们却越教越疲，仿佛在沼泽里挣扎，不知道何时是尽头。而这社会对于教师的要求，又几近苛刻。他们忘却了，教师也只是一个职业，一个普通的职业而已。我们，也只是普通的人，站在讲台上，迎来送去一批批的学生。可为什么，我们的生活永远这样拖泥带水，我们的尊严永远得维系在那一纸分数上，我们的幸福永远那么不踏实？

我想远遁，去旅行，背着我的行囊。你说，你也想去。你疲倦的眼神里有着对远方的无尽憧憬。

曾经，我们以为，教育是一次文艺的远行。我们在前面走着，孩子们在后面雀跃着，路边繁花似锦，草丛里有星星。然后，孩子们赶了上来，在前面唱起了歌谣，那歌谣，唱向未来，唱响明天，而我们，就在他们的身后深情地注视着，祝福着，欣慰着……可是，真的不是那么一回事，我们都是勤苦的无奈的赶路人，我是，你是，孩子们也是。四季湮没在题海里，昼夜模糊在压力下。所有的脸，都写着倦色。这，原本不是我们要的幸福。

又一个三年轮回，夏日的阳光把高考的喜讯炙烤成一张硕大的红榜。你说，想换个节奏了。自己的孩子需要照顾，他的试卷上很少落下你的目光。你带着学生们走遍校园的边边角角，却很少给过自己的孩子一个完整的周末。你说你该有时间去思考教学、思考语文，可三年来，你对课堂的理解就是考试和成绩。这时，你望着书柜上一排排的名字，你觉得辜负它们已经很久了。美国著名作家弗格森说："每个人都守着一扇只能从内开启的改变之门，不论动之以情或晓之以理，我们都不能替别人打开这扇门。"只有阅读，才是我们精神发育的营养剂。可是，我们能拥有这样优雅的阅读时光吗？繁盛的夏天满足了所有疲惫的心，秋风吹来时，你却说，你又要开启新一轮行程了，你要塑造重点班、强化班，未来的北大清华学子要从你的班里飞出来。说这话的时候，叶子都不忍心飘落在瘦弱的肩头。你一定会做得更好，我相信，我也会努力做得更好，可为何感觉那么悲壮？

熬吧，身边的同事说。我看到她眼角的皱纹又多了一线。

我不相信，也不甘心。

教育的幸福不是熬出来的，是爱出来的。消除职业倦怠，远离生命衰萎，最好的办法是爱和欣赏。青山原不动，浮云任去来。我们在努力爱，努力去延续爱。冬风吹来，我想我是暖阳；秋叶落尽，我想我是大海。我用世上充满哲理的文字浸润并熨服我躁动的灵魂，我把每一天都看成 9 月 10 日，我努力做积极的自我暗示 —— 我在做太阳底下最光辉的事业。我得相信我在爱，爱每个孩子，爱我的校园，爱我的课堂，爱每一次考试，爱每一次排名……我不是在熬，我是在爱。可为什么对教育，我们心里还弥漫着浓浓的雾霾？

走在路上，请告诉我前面都是阳光。只是别揭破，深夜里，教育的眼睛都含着晶莹。

假期，为我们更好地归来

高考结束的那天，校园里的树在清澈的空气中安静了许多。

看几只小鸟恣意地在人去楼空的校园里跳来跳去，听周边的小草在窃窃地私语，我突然有了一种久违的安宁。这世界如此功利地把我们的校园时光划成两个季节：和考试有关的季节、和考试远离的季节。考试一结束，天就变得如此清朗，那些平日里行色匆匆的人们、那些只把生活的所有频道调到高考上的背影，就和考试立马划清了界限，而且，如此决绝。

我像享受假期一般悠闲，没有任何催促，没有任何干扰，我可以完全按照自己的节奏去铺展我的时光。我把鞋子扔得远远的，赤脚踩在有些发硬的、开始褪色的跑道上。路是我自己的，没有人站在起点或终点给我掐表计时。我把白色的耳机摘下，把手机的音量调到最大，齐秦的《夜夜夜夜》传来，“想问天问大地”，很有态度地在呐喊。我坐在小水池边读村上春树的书。他告诉我，他的精神世界“由各种芜杂的东西构筑而成”。他说他的小说，甚至不厌其烦地说他喜欢的音乐、他的马拉松，探索着他内心世界的未知场所。然后，他天真地问：“何谓真正的自己？”

水池里红色的鱼径自游来游去，世界就是包裹它们身体的水。

这个高考离去的下午，我看到了我暑假一般的时光。很美好，很纯净，很自我。它让我合理放纵，让我在时间之潮里跌宕起伏，让我恣意游走，身体的，灵魂的。

假期的品质里，自由，可以自己健康安排，无疑是最重要的。

世界是分两面的，工作着的是白天，休息着的是黑夜，或者，工作着的叫上班，休息着的叫度假。就像一枚叶子的正反面，互相支撑着，才可以悬在枝头孕育果实。可是，多数教师的时光，往往蔓延着单调的色彩。考试前忙自不必说，考试后又是一堆堆的烦琐。暑假，很多日子是被安排了的。比如，你不愿意又不得不去的培训，比如，三天两头被催促着做一些和蝉声一样悠长又聒噪的事。最着急的是，很多东西都被硬生生地横插过来，你的假期你不一定就能做主。

其实，很多人不懂，限制了别人，也就限制了自己，包括自己的暑假。

不要总借着鲜亮神圣的名义去剥夺他人的休息权，我甚至认为那和抢劫没什么区别。

我们的暑假，应该属于我们自己。

该找个地方走走了。世界不是只有校园那么大，你的步履不能只在学校里印上痕迹。去吧，找个乡村，找片田野，看看庄稼是怎样在夏日的风里摇曳，看看流水是怎样在炊烟的召唤下远去，看看秸秆搭成的是怎样一种悠闲，看看太阳又是怎样从山沟沟里悄悄爬出来。去吧，走进喧嚣繁华的城市，你要有一次迷路、问路的经历，你要有一次在高楼大厦的霓虹灯前踯躅迷茫的体验，你的生活不能只局限在课本上。去吧，到大山深处，到海滩上，到你想去却总没有时间去的地方，在生活的其他背景里寻找风景，在世界的其他风景里寻找自己。教学的灵感，一半在课堂，一半在生活。

该找个时间陪陪家人了。世界那么大，最爱你的还是你的家人。暑假存在的另一个意义，就是找回自己的家。忘记你批改过的作业本，忘记你要教的下学期教材，或者暂时搁置起来。你是你的，你还是你的家人的。你已经把全家的重担都交给生命中的另一半了，你该有所表示了。你已经亏欠风尘中那渐渐衰老或者快速成长的面孔许多许多了，这个暑假，你要和他们唠唠嗑，说说七月的阳光，说说八月的蝉唱，和孩子一起翻滚在草地上。没有哪一个天地比家更需要你。

把时光交给你的唱片，和我一样，一张一张地听。在学校，你听到的都是急促的铃声，赶着你慌慌张张地奔向教室。这个暑假，可以的话，翻出你珍爱的声音。我特别喜欢这样的姿态，靠在摇椅上，听唱机里流泻钢琴曲，或者吉他声。最近，我迷上了克里斯·波提吹的小号，悠远神秘，简直太令人享受。当然，你珍爱的声音，可能是蚂蚁微笑的声音，是蝴蝶停落枝头的声音，是孩子跟你撒娇的声音，是老人啰啰唆唆的碎碎念……每个人都要有自己的唱片，刻下这世界芜杂又精致的歌唱。那是生命，教师不能远离这世界的声音。

最为你高兴的是，你终于有时间看看书了。确实，平日里，你是真忙，忙到给自己的内心添加养料的时间都没有。每天深夜，你拖着一身疲惫走进凌乱的家里，你一脸愧疚地面对这个家，也面对你书架上恹恹欲睡、积满灰尘的一本本书。教师是最不能和阅读脱离的人，虽然，这个时代早已丢失了阅读的心。所有靠物质支撑的幸福感都不能持久，在书香里浸泡出来的淡定宁静，才是我们幸福的真正源泉。这个暑假，泡上一杯咖啡，看上几本好书。不怕累的话，思考几个问题，写上几篇文章，别让碎片化、浅层次的阅读淹没你所有的时光。你在书里站了起来，你在生活中就站了起来，你的教学，也因此站得更稳重、更高耸。

其他，比如打打球，锻炼锻炼身体，比如学着做一道好菜，比如和朋友们约起来打打牌、吹吹牛、侃侃大山，或者，你就好好地睡睡，不用担心被闹钟死命地唤醒。当然，心情有了，体力有了，你还可以去做点公益，表达你对生命的感恩。生活，原来，可以这般美好，你是你自由流淌的七月，你是你的人间八月天。

好好工作，赚足暑假轻松的本钱，努力，为了享受该有的休闲。我望着校园里的树，望着水里的鱼，它们的世界也可以很大很大。

“我出走，是为了更纯洁地归来。”这一刻，想起奥地利诗人里尔克的诗句。我希望，暑假以后，我们都可以更好地归来。

阅读，改变河流的走向

一

我得承认，我喜欢孤独，尤其在抵达内心深处最柔软的那层寂寞时分。

我可以细细舔舐那个时光，如黑夜裹住所有不安与躁动，我很尽兴，也无所顾忌。孤独是最充分的暴露，是一种彻底的自由，你可以在寻找中舒展你自己的身体，泄露你的思想，让你与自我、与远方接轨。

黑夜是一张唱片，流淌着罗大佑、邓丽君，或尖锐的宣泄，或轻柔的缱绻，而后是杰恩·克拉德波里莱演奏的《德朗的微笑》，小号吹出的旋律悠长而略带惆怅，像夕阳下远处那连绵起伏的山峦，让人遐想……

此时，会有倾诉的冲动，对象就是一个个文字，比照着生活而舞动在书籍中的真实文字。你看着它们，它们也看着你；你翻阅着它们，它们也窥视着你。你是被生活摩挲的孩子，而它们也是因生活的反馈而诞生的孩子。

真诚的交流，就是这样一种心灵互动。

那样的时光，我是孤独的，但我绝不无助。我是一条河，在自我放纵中奔流，而阅读，会在我迷茫凌乱的时刻，适时为我选择远方，恰到好处。

二

我看书。

不是因为我的职业，职业永远不是阅读的理由。人与人之间最深刻的区分，不在职业而在心灵。就像从摩天大楼上俯视，芸芸众生在名利的轨道中竞相穿梭。要想保持优雅的行走姿态，选择一生最宁静的皈依，我就必须在心灵中安顿一个自我沉淀的角落。

想起那个漂泊的脚步，沙漠中的流浪写满文化。溯而求之，美国西雅图的一所语言学校，三毛静静聆听着艾琳老师的温柔告诫："放学先不要回家，你们别忘了到那些杏花树、梨花树下睡个午觉再走。"很哲学的关怀。步履匆匆的时候，我们大抵忘记了怀抱浪漫，我们都是河流，流向功利，流向欲望，流向缺失精神的物质之岸。其实杏花、梨花就在身边释放着馨香，我们却总不愿意带上它们的花瓣飘向未来。我们开始干涸，却永远觉察不到，疲惫更多的是因为我们枯萎的眼神已经熄灭了缕缕花香。

我自然可以不做教师，但我无法流失阅读的美好时光。而在我必须做教师的日子里，阅读更让我有了清晰而深刻的目光。我一次次阅读《论语》，一次次蹚过这条智慧的河流，我终于没把它当成教材，渐渐地，一种心灵的安宁款款走来，流泻着思想和心灵要义的花瓣在我生命的河床上飘香。

在杏花树、梨花树下睡个午觉，在书籍垫成的枕头上，我的思想在默默地吸纳、换新。

三

且行且思，雕刻时光的同时，我们也雕刻着自己。

"在一个精神遭到空前贬值的时代，倘若一个人仍然坚持做'精神贵族'，以精神的富有而坦然于物质的清贫，我相信他就必定不是为了虚荣，而是真正出于精神上的高贵和诚实。"周国平永远那么容易让我感动，即使是这样清高的语句。他永远也不会知道，二十多年前，大学，冬天，雪飞的日子里，我整整抄写了一本他的《人与永恒》。那是一个物质贫瘠的年代，我买不起周国平的书，可我知道，二十多年后，我依然会喜欢他的作品。"人是唯一能追问存在之意义的动物。这是人的伟大之处，也是人的悲壮之处。""寻求生命的意义，所贵者不在意义本身，而在寻求，意义就寓于寻求的过程之中。”这样的文字，少却了浓重的雕琢气，少却了老于世故的圆滑，处处呈现出单纯而练达、质朴而传神的精巧之美，在那个纯真而又充满渴望的年代，它是怎样的一种心灵暗示与慰藉啊。

自然，我也不甘心物质生活永远清贫、寒酸。可我知道，这个世界有一种贫穷最可怕，那就是木愣愣的眼睛中只闪烁着物质的光芒。

很多心情，在你无法释怀的时候，你都可以因阅读而超然。苦难、坎坷、颠簸，受伤……无路可退的时候，我选择与文字倾诉，用文字疗伤。真的，所有的风雨，阅读中都有安排与提示，我所能做的，不是重复悲剧，而是塑造坚强。在淡定的目光中，生命外的东西真不重要。我唯愿保持住一份生命的本色，一份能够安静聆听其他生命，也使其他生命愿意安静聆听的纯真，此中的快乐远非浮华功名可比。

如果把人生譬作一种漂流，那么，你会是怎样的舟？

四

“美拯救世界。”陀思妥耶夫斯基理想主义般地微笑着说。眺望那遥远的昏黄的灯火，我至少可以坚定地相信，美能拯救一个人，能让他从粗糙卑污、暗淡无光的生活中挣脱出来。那么，美在哪里幸福地期待着我们走近？美，盛开在经典里。西塞罗说：“世界上最幸福的事就是捧着一本希腊语字典和一本柏拉图著作。”面对经典，该为自己准备出一种朝圣的心态。

只是我们缺失了纯粹的阅读。步履匆匆的行人只为兑换更多华服美食、现金支票而耗尽生命，所有表情无一例外地冷漠、机械、麻木，簇拥在地铁上、橱窗前那些极度疲惫的面孔注定与书香无缘。钢筋水泥里的穿梭中，我们看到，越来越多的灵魂在挨饿，城市也在日渐丧失一种活力、一种品质，迷失、空虚占据了披着虚荣外衣的、被生活挤压得干瘪变形的人们的心灵空间。

灰尘布满了书页，也布满了我们的心田。

我不愿意，于是我阅读，很真实地阅读，而阅读也真实地改变着我。感谢阅读，它让我联想、勾连、撞击、共鸣、惊疑，直至升华。纸质的心灵触摸，让我在拥挤的空气中追逐自由与崇尚写意，就像翻开普鲁斯特、萨特，我能闻到巴黎街道上散发的气息一样，我的快乐很充实、很惬意地站在日子的街口。

五

黑夜适合思考。

面对滚滚而来的无限黑暗，不知道时间这片透明的流体还将怎样改变我们的记忆和想象，不知道还会遭遇自己怎样的惊讶和醒悟。孤独永远是一位黑色的智者，听着滴答的声音，等着，等着黑夜里我们不同的回声。

有人在孤独中挥霍，有人在孤独中沉沦，有人在孤独中追逐……

我只愿意在静默中微笑，于暧昧的夜色中，静静聆听阅读带来的思想潮声，这时，不安的心灵就会被清新的空气净化，浮躁的心绪自然也不会因城市的喧嚣而焦灼。作为教师，我无意褒扬自己职业所谓的崇高，我只希望我的眼睛永远流淌着清澈与智慧，于是，我阅读，旁若无人、心如止水地阅读，平凡而不庸俗地阅读。蒋子龙说："书能够给人提供多种选择，生命的选择，思想的选择，生活的选择。"看着窗外的灯火，我微笑。远离这座浮华的城镇，让孤独与空旷在漫漫长夜里遥望天际，因了阅读。

文学，升华我们的情感；哲学，启迪我们的睿智；历史，观照我们的现实……我不是因为自己的职业才阅读，但我希望站在学生面前，我能是一条文化的河流，可以很小，可以很窄，可以很浅，只要那水是真实的流动，只要那流是纯正的深刻。

人生最高的享受是寂寞，最有意义的享受是寂寞中的阅读与歌唱。

站在浮华的街头，我有我的方向，我有我的流淌……

写作，让我们与世界的心接轨

翅膀是鸟的悲剧，它把生命带入永恒的异乡。

——伊万·日丹诺夫（俄罗斯诗人）

我一直认为，这个世界是有心的。

我会在一朵幽幽的花的微笑中看到它，它生动鲜艳，散发着生命的芳香；我会在墙角暗暗砖堆里的一棵草上读到它，它安静豁达，挣扎出绿色的表达；我会在田野上升起的一缕缕炊烟中迷恋上它，它像母亲的气息，用最洁净和温柔的缠绕赋予我这世界的深情。这个世界有心，一棵树可以证明，一抹云可以证明，父辈粗糙的手掌可以证明，孩子清澈的眼睛可以证明，甚至黑夜，甚至风雨。

它是善良，是纯朴，是真诚，是信任，是我们守望一生的爱呀。

它让我们永远是个婴孩，很安全地匍匐在母亲温暖的怀里，吮吸着生命的乳汁。它让我们永远不会迷失回家的路，无论我们走出了多远多远。黑暗是温暖的床，雷电是热情的歌，没有一只小猫会在野外饥肠辘辘，没有一枚枯叶会含着哭泣与悲伤飘落。洛尔迦懂得世界的心，“在一滴水中，孩子在找寻他的声音”。安德拉德懂得世界的灵魂，“每一粒葡萄都能背诵，夏日时光的名字”。爱与生命，让我们在凡·高的向日葵上找到了心，让我们在莫扎特的小夜曲中找到了灵魂，世界的，你的，我的。

每一张被风吹拂的脸上都写着灿烂的笑，这个世界很迷人，很健康，有心，有灵魂，就可以互相感应，互相安慰。

可是，我们总习惯于丢失这颗世界的心。当物欲的眼睛把世界盯成冰冷的物质，当功利和贪婪把生命异化为利益的凝合，我们脚步匆匆，擦肩而过，我们不认识我们，也就不再为一只小鸟歌唱，不再为一痕细草驻留。“我们毁掉的，比我们思索的更多，比我们知道的更多，比我们感受的更多。”克里斯坦森闭上了母亲一般的眼睛，世界没有态度地在呼吸。

我们的钥匙丢了，我们的心走失了。我们不认识世界，世界也冷冷地看着我们。

幸亏，还有一个港湾，让我们阅读，让我们写作，让我们穿越平庸浑浊进入星空、海涛、风声的诗的纯美世界。米兰·昆德拉曾在书中写过：“从现在起，我开始谨慎地选择我的生活，我不再轻易地让自己迷失在各种诱惑里。我心中已经听到了远方的呼唤……我已无暇顾及过去，我要向前走。”远方，就是我们的港湾。阅读，是寻找；写作，是出发。我们与世界还有再爱的缘分，于是，我们拿起了笔，与文字一起呼吸。

世界不会因为我们的思考而关上大门，更不会因为我们的文字而失去等待。我们写诗，世界就有了诗意；我们写散文，生命就有了韵味；我们写世界，世界就不会和我们失联；我们写自己，人生曾经的污渍就不会蔓延到未来。依着文字，我们就有了安静，有了孤独，有了对自我的拷问。写作，破开时代功利的坚冰，解剖我们被物质缠绕的丑陋的心，接轨这个世界的真善美，我们就还能成为母亲怀里的婴孩。

写作，是在找心。

我又看到了花朵的微笑，蚂蚁爬过沙丘，摇晃起黑色的节奏，小鸟飞过天空，追逐着炊烟的痕迹。解冻的河流缓缓地流向远方，母亲呢，睁开浑浊的眼睛，重新唱起童年的歌谣。

“在我和世界之间 / 你是海湾，是帆 / 是缆绳忠实的两端 / 你是喷泉，是风 / 是童年清脆的呼喊”，感谢你，我们的港湾，让我无比幸福地朝向世界最美的心。我闭上了眼睛，在文字的大地上，重新躺成婴孩的模样。

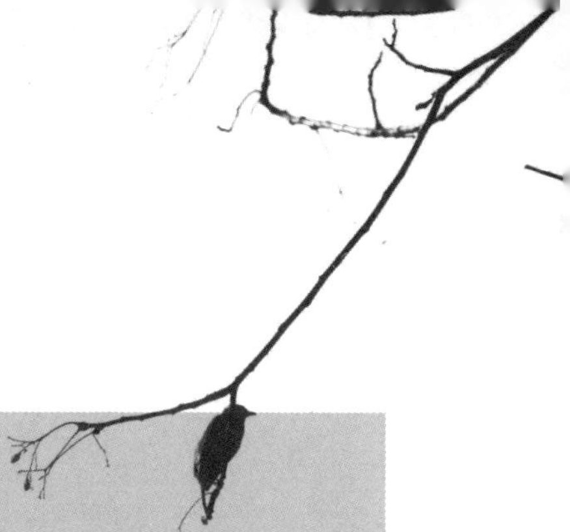

第五辑

世界，别与我争夺

悟

1

生命不会有真正的黑暗，你的世界黯淡，是因为你藏起了灯。

2

没有足够的时间来沉淀、凝固、思考，没有足够的耐心来安静、孤独、坚守，你哪来机会去成功呢?

3

别让岁月筛掉品质，别让世俗磨去情趣，做好自己，不辜负转瞬即逝的生命。

4

价值，不是看你在时的众人相拥，而是看你走时的无数挽留。

5

我们唯恐落单，所以我们狂热地陷于世俗。

6

自我膨胀，是这个社会的典型心态。它的最大特点，就是让你忘乎所以，找不到自我，可我们总不承认自己的小，却以为整个世界为我们躲藏了起来。

7

什么是良知？心能为你爱的土地滴血流泪。什么是情怀？目光总怀有一份慈祥和挂牵。

8

欲望太多，你的束缚就太多。轻装上阵，你的行走如风。

9

你不是最重要的，你甚至一点都不重要。但，你可以变得重要，于你自己。

10

卓越的教师如何修炼？他要有深厚的学科素养，要有坚定的教育理想，要有自觉的教育反思，要有融化理论的教学实践，要有创新的教学意识，要有儒雅的教学气质，要有强大的教学磁场。

11

最美丽的往往最低调，比如饱满的谷穗、不语的果实。而那炫耀在枝头的红花，却总被岁月最先叼走。

沉默的大地，孕育了所有的生命，黑色，是它唯一的语言。时光，却把绿肥红瘦、姹紫嫣红赠与它谦逊的胸怀。

12

我们可以默默无闻，但绝不平庸世俗；我们可以不显山露水，但心中一定要有教育的山水。

13

我们的痛苦，在于我们总把教育的问题全部归结于我们自己。

14

读着读着，你丰满了。写着写着，你深邃了。坚持读读写写，你就进步了，而且不知不觉。

15

曹文轩说："一本好书，就是一轮太阳。"最该有书卷气的教师群体，就该是灿灿千阳。连我们都无暇读书，漠视阅读，这个世界还会有心灵的出口吗？我们，要做最具精、气、神的人！

16

如果能功在教艺精进，利在学生成长，这样的功利，我很崇敬并心向往之。

17

走进课堂，你的一切就都是语文教学的了。你的衣着是语文，你的表情是语文，你的姿态是语文，你的眼神、你的话语是语文，你，就是语文了。你怎么可以把自己从语文中剔除出去呢？

18

别忙着批判，别着急辩论，在你学得还那么浅薄的时候。

我们需要的愧疚和力量

一

下雨，我坐上一辆三轮车。他蹬，我坐。一路上偶有几句闲话。

雨丝绵绵，调皮地钻入眼睛，滑入领口。风来，我缩紧了身子，他却蹬得更欢了，车轮的钢圈一路唱着歌。幸福是一种听得见的声音。

到了楼下，我给了钱，说一声“谢谢”，他愣住了。

“你给我钱了，应该我说谢谢！”

“不，没有你们，我的雨天会很不方便。”

钱，是附着在感激上的。

二

机场大巴上，一个年轻人一路高声打着电话，全然不顾他人瞌睡的眼。

车厢骚动起来，开始是小声嘟哝，继而是大声斥责。“喂，你打电话轻一点，影响别人你知道吗？！”“公共场合，你那么高声，别人怎么休息！”的确，刚下飞机，每个人都是一身的疲惫。

年轻人不理会，甚至提高声音反驳：“我说话就是这样的，打电话怎么啦？！”

…………

我皱皱眉，回头望了望。电话的那端，也许是他的女朋友，也许是一笔重要的生意，也许是今晚的聚会。

“让他打吧，我们先安静。”我说。

很快，车厢安静了，静得甚至能听到电话里的呼吸。

他惶恐了，熄灭了自己的声音。

有时候，安静最有力量。

三

南宁书店，咖啡吧。

我翻着杨照的《寻路青春》，寻找着曾经的理想主义者，在他的记忆里，摸索我回到青春的路径。

咖啡很香。

我的手机突然响了，是约我讲课的老师。我抓起手机就说：“你好，我在南宁，还没回去呢。”那一刻，我忘记了桌前的咖啡，我的声音多少有点肆无忌惮。

咖啡桌上，几声手指的叩击声。对面的人含笑地提醒我，这是书店。

我恍然，天，我竟然忘记了桌上摊开的那本散文。

没有人看我，所有的人都在读他们的青春。

我站起身，向四周欠了欠身子，表示我的歉意。对面的人，眼睛里温暖一片。

我们不是不会犯错，重要的是要寻到道歉的心。

那是我们最青春的心。

四

机场大巴，女孩坐在我的身边。

她和我同乡，在武汉读大学，外公去世了，她赶来送行。

她说，下了大巴，会再转公交车去温州双屿，那里有去她家的公交车。

下午五六点，是温州极堵的时刻，估计公交车到达双屿时天已经黑了。那时，是没有车子了。

天真的暗了下来，我说，和我一起打车吧，到了县城你再打车回镇子就方便了。

女孩点点头，微笑了起来。

出租车到达县城，我下了车，付了钱，然后要求司机为她开一程，我记下了车牌号，还有她的电话。

很快，她就回短信了：“老师，我到了，这一路，真好。”

是的，真好，所有的路，都连接着黑夜，也连接着温暖。

五

红灯，我在这头，老人在斑马线的那头。

路静静地延伸在昏暗中。

反正没车，也没什么行人，走吧，我准备迈开步子。

老人还是静静地站着，他对我，应该是在微笑。秋风吹来，他雕像般安静着，岁月和涵养一起凝聚。

姿势是最好的教育，我羞愧了，收回了步子。

我们就这样相对地站着，直到绿灯亮起，擦肩的那一刹那，我发现，老人竟然很矮小。

原来，让你高大的，是你自觉的遵守和坚持。

一个人，一群人

与你同行的人比你到达的方向更重要。

——格奥尔格·特拉克尔（奥地利诗人）

一个人，可以走得很快。一群人，可以走得很远。

最初，我是相信这句话的。

我有过很多次暗夜走路的经历。那些悠闲于月光下的漫步自然是浪漫的，和朋友一起，三五成群，或者两人并行。说着天上的月亮水里的树影，说着明天的太阳昨夜的星辰，或者讲述一段心底掏出的忧伤，晾在月光下，走着走着，就会在朋友的劝慰中融成一地的皎洁。青春期是最适合和暗夜共处的，年少的忧伤在今天看来算不上什么，可在那个执意成长的季节，它就是世界上最悲痛的凋落。好几次，我慢慢走，一个人也可以，多个朋友最好，话不多，就是看看黑暗中的柳条影子是怎么斑驳在河岸上，听静默的河水是否如我一样哽咽，摇摇晃晃地把身影留给黑夜。最后终于走得怕了，看什么都是凶残的模样，恐惧终于战胜了年少的忧愁，就快步地甚至哭喊着回到期待的灯下。

那时，握住一只手，我就觉得握住了宇宙。

一个人，自然走得很快。

记得姐姐高考结束后，计划坐夜班火车回家。我那个时候还在初一，自以为已经长得很高很大，就晃动着细长的脖子要代爸爸去八里外的火车站接姐姐。爸爸同意了。吃了晚饭，我就像夏夜里游动的小虫一样飞出了八里外。终于等到了绿皮火车，瘦小的我开始放开喉咙高喊“姐姐”，可人一个个地下车，走到我的面前，又从我眼前掠过，没有姐姐。当所有人都走尽，偌大的站台上就剩下我一个人孤单地站着。火车“呜呜”地喷着浓烟，拖着巨大的身子缓缓驶出站台，很快，我就成了黑夜中最小的一个点。姐姐没在这车上，我这才意识到回家的路我要一个人走。八里路，很长很长的八里路，全是黄沙铺成的路，月亮冷冷地挂在天上，我的前方，只有黑暗。我被黑夜裹住，更被恐惧裹住。沙沙的脚步声越来越像孤独的哀叹，胸腔里仿佛积压着许多逃逸不出的恐惧，把我憋得只能一步步往前移动。我从一个黑暗走进另一个黑暗，路也越来越长，浓浓地黑暗着。我在心里喊着姐姐，喊着爸爸，喊着妈妈，我担心有一只黑色的手，会随时把我拽进他的窟穴，可是，越担心，越真实地感觉到那只手的存在。

终于，我听到一辆自行车的声音。我哭着央求骑车的大人带上我一程，他很同情地望着我，说自己的车没有后座，我只能慢慢地走回去。自行车远去了，我更加害怕了，月亮是惨白的，路是静默的，仿佛我走多远，路就延伸多远，而那清晰的流水声，在寂静的夜里，更多了一点忧伤。我多么希望那个大人能停下车，陪我走一段，帮我把那颗弱小的惊惧的心稍稍抚平。但是他没有，我只能听到自己的抽泣、自己的无助。当世界只剩下黑暗的时候，恐惧就成了那个夏夜铺天盖地的梦魇……终于，我听到父亲的声音，他在对面的黑暗里呼唤我的名字。那一刻，我没有发出哭声，但眼泪，却蒙住了所有的视线。这个世界，伟岸的背景太多，但只有父亲，是我最信得过的高大。那以后的很多黑夜，我都会战栗般地想起这样的经历。我知道，一个人，会走得很快，不是因为没有负担，而是因为无从选择。

你要跑得过黑暗，才能追得上光明；你要跑得过荒凉，才能攫住那一点灯火。这个世界，你必须用你的速度去超越孤独和寂寞。

可是，多快，不过一生，多远，不过一世界。容易跨过的，是高山大海，永远走不出的，是滚滚红尘。

于是，我们选择了一群人一起走。

我已经不再是三十年前倒在暗夜中的那个孱弱少年，这世界再远的忧伤，最后都会化作生存必要的坚强。我依旧站在暗夜里，无边无际的野花在风中簌簌作响，小鸟从我的头上飞驰而过，路却已经醒来，我们一路歌唱。

一群人走，我以为可以走得很远。我们吼着，我们叫嚷着，我们肆意地喧闹着。白天是这样，黑夜是这样。白天，我们唱醉了太阳；夜晚，我们吼走了月亮。这个社会，是人们集群而居的社会，已经不需要城市灯光的照耀，我们诸多的目光和热情就可以点燃所有的黑暗。乌鸦爱东京，麻雀爱上海，天鹅爱苏黎世，而我们却赶跑了小鸟，只让自己无所忌惮地飞翔在城市的高楼大厦间。白天，熙熙攘攘，夜晚，我们依然可以在网络上集群而谈。我们颠颠簸簸的，时间和空间都不在我们的视线中。

可是，某一天，我竟然悲恸起来。我突然发现，我没有走远，我甚至在无端地后退。现实逼仄的年代，我们用热闹遮掩着心里的空虚，我们用喧哗粉饰着岁月的无聊。我们以为很多人在一起，路就可以缩短，路就可以拓宽，路就可以静歇。殊不知触角指向杂乱的一群人，行走到最后，其实只是把宝贵的时光绕成了圈圈虚空。烟花绽放后散去，夜空依然落寞。这世界的路，只能靠你孤独的脚步去丈量、去缩短。

不只是一群人，还要是一群你要的人，才能帮你走向远方。而任何一种夸夸其谈、眉飞色舞，甚至炫耀吹嘘，最后，都只是躺在梦里的行走。

我开始怀念三十年前那段令人惊惧的行走，那是对黑夜的敬畏、对孤独的虔诚、对自我的认识、对脚步的信任。这个世界，是要存有一种恐惧的，它悬在你的头顶，慢慢地折磨你，让你痛苦，把你融化。在瑞典的哥德堡，有一家名叫法克托姆的旅店，你交了钱后，它不提供房间，只给你提供完整的流浪体验。无家可归，你才会走向你要的家，你要的方向。而孤独的思考、寂寞的反思、黑夜里的整装出发，是我们最必要的行李。“在这里，从黎明到黑夜，感受这个城市的脉搏吧。”旅店一张印有小树林的图片上这样写着。我这才知道，若是无原则、无选择地拼凑一群人同行，不如还是我们自己安安静静地去感受罢。在浮名小利中茫然行走的一大群人，就像城市的霓虹，虽四季不断，看似温暖，却明明灭灭，摇摇摆摆。总有一天，我们在回归的路上，会发现我们只是热闹地转了一个圈，起点和终点很幽默地重合在一起。我们没有走远，那个可以看到星光的山顶依然遥远。

思想只有在孤独中才会变得清晰。不错，黑夜让我孤独的脚步如此害怕和战栗，但我毕竟走向了那簇黯淡的灯火。

蒋勋说：“我可以孤独吗？我常常静下来问自己，我可以更孤独一点吗？我渴望孤独；珍惜孤独。好像只有孤独，生命可以变得丰富而华丽。”我想，蒋勋不是为了拒绝一群人，而是害怕在一群人中迷失了自己，失却了对自己的打磨。这个世界，孤独是最没有功利性的，“群”才最能黏附功利。黑夜里的八里路，我在悸动中怀想它，那里竟有一支悠远纯净的歌，直击我心底最柔软的部分。所有走过的安安稳稳的路，竟然都不在记忆中，而催促我走得最快的，还是那无边的不可测量的黑暗和恐惧。

真正对世界谦卑又敬畏的人，注定有自己的安静。

最真诚的群，激烈中一定保存你最安静的思索；最实在的群，交流中一定还原你最真实的孤独。我们需要与人相处、交流，但我们更需要喧嚣后那个冷静思考的角落、那段静谧的时光，去清除障碍，去沉淀优势，去明确方向，最终获得自我的持续成长。

一个人，可以走得很快，一个人，也可以走得很远。

一群人，一群彼此相知的人，可以走得又快又远又安全。

只是，我们有选择吗？

我青春的一部分叫“齐秦”

夜，是适合齐秦的声音的。CD 滑入唱机，齐秦就会不期而至，与你诉说，交谈。我的青春，以及躁动、挣扎、疼痛、忧伤、蜕变、成熟……就会在那个嘶喊的声音里再次回归。我唱，跟着齐秦的呐喊，虽然我们的声音都已不再闪亮、年轻，可因为齐秦，我的黑夜不再游离。

很快，我就流浪在齐秦的歌声里。我进去了，荒芜的原野，几盏隐约的灯火，一个桀骜不驯的身影，永远一副叛逆的表情，冷冷又暖暖地奔跑着，爱着，活着，身后，是我们这代人追逐、眺望的眼睛。我听《狼》，想着遥远的荒凉北方，想着寂寞的午夜都市，就会读起和齐秦一起融化的那段岁月。破旧的吉他再也弹不出过去的青春，岁月老去，齐秦现在吟唱得温情，早已不是记忆中那个凄厉的呐喊，让你不由自主地想要追逐。可是，当 CD 让他的歌声再次流淌的时候，我知道，我生命的时光，有一部分叫作齐秦，就像邓丽君，就像凤飞飞，就像罗大佑，我的青春，幸而有这样的好声音相伴。

“是时光流逝了吗？不，时光还在，是我们在流逝。”杜逊·奥斯汀说。

听齐秦，是在听一段青春的祭奠。我知道，现在或者未来，不会再有能让我们这代人在剩余的时光里，不断地聆听并感动着的声音了。我听齐秦，把青春和爱情深情地吟咏，把生命和未来撕裂般地热爱，在痛楚的岁月里，我用这样的声音疗伤。“我只有咬着冷冷的牙，报以两声长啸，不为别的，只为那传说中美丽的草原。”草原的美丽只存在于传说之中，生命中这样的执着与坚持却是那么永久。奔跑，受伤，流血，坚韧……所有关于生活的词语，都会在齐秦的歌声中迸射。在信仰模糊的年代，拥有这样的声音，是成长的幸运。我透过窗，望着黑夜的天空，我没有寻找哪颗星星，我只是喜欢这样的凝视，在洞穿，在思考。然后，齐秦会告诉我，“生命太短促，痛太清楚”，齐秦会告诉我，“记忆里，在记忆的湖里，曾经有绚烂的春天，却在一季落叶以后……没有结束，没有开始，只有年轻飞扬的梦”。于是，脸上挂着泪水，心底却在欢乐，因为那个飞扬的梦，齐秦帮我读了出来，不让眼泪陪我过夜，于是，花开的日子瞬时再来。

幸福是因为这样的宣泄，我在齐秦的歌声中奔跑到今天。在这样迷离的时代，我知道，在痛苦或快乐的时候，我都可以微笑地在他的嘶喊中找到一种冥冥的慰藉。“反正我的灵魂已片片凋落，慢慢地拼凑，慢慢地拼凑，拼凑成一个完全不属于真正的我。”每一段遭遇都是一种宿命，生活的疼痛其实只是一种必要的注释、一种必有的烙印。有了这些，你才是真实的你，正如，二十多年前，在青春最为澄澈的眼神里，我们不经意地瞥过齐秦，然后毅然把他和他的歌声种植成一棵永远的树。他每出一张专辑，树上就多几眼抹不去的凝视，他的歌声，就是我们的青春，而记忆，也因为这样的惦记更加葱茏。

乘着他的歌声，回到二十多年前的那段旅程，我突然觉得，这样的秋夜伤感却不自失。回忆不一定就意味着老去，更意味着我们还愿意走向年轻。听齐秦，其实也是在听曾经青涩的自己。第一次买到的齐秦的磁带，是那盘征服了中国流行乐坛的《狼Ⅰ》。1988年的暑假，我省吃俭用积攒到这样的一种凄厉而坚持的叛逆声，我跟着唱，唱着我的青春，唱着我的忧伤，走进了我的大学。高考的不顺利、人生理想的边缘行走，让我在崔健的《一无所有》中听出愤懑，在苏芮的《一样的月光》中听出拷问，在王杰的《一场游戏一场梦》中听出无奈，在姜育恒的《再回首》里听出沧桑，但是，青春、忧伤与成长都是在齐秦的歌声中听懂的。“给我一个空间，没有人走过，感觉那心灵的伤口。给我一点时间，勇敢地面对寂寞，再一次开始生活。”哼唱着齐秦的《原来的我》，在《花祭》中蜕变，在《冬雨》中期待，在《离家的路》上回首……我喜欢那首《空白》，我知道，齐秦在给我伴奏，我的曲目就是青春，就是生命，就是成长。

然后，我们去寻找感动，《大约在冬季》是传唱的经典，我也唱着，可是，我期待的不是冬天，而是外面的世界。吉他的声音如水般清亮，在黑夜里掠过你每个青春的毛孔，熨烫你躁动不安的灵魂。你开始向往，也开始等待，向往和等待着一段自由穿梭的时光，带上你的爱情、带上你的凝望、带上你的疲惫，在霞光里、在草坡上，你听，你唱，你思。“外面的世界很精彩，外面的世界很无奈，当你觉得外面的世界很精彩，我会在这里衷心地祝福你。”这时，一种暖暖的欲望会在这样的氛围中很唯美、很纯净地升起，裹住你的心，缠上你的眼。那时，一切都是那么简单，那么纯真，即使是愤世嫉俗或者叛逆不羁，也是很真实的。蓝蓝的天，清清的水，薄薄的浮云，我们的青春。

很多时候，我们唱，唱着奔走，唱响爱情。“你是不是不愿意，留下来陪我，你是不是春天一过，就要走开，真心的花才开，你却要随候鸟飞走。”在这样的伤痛中，我们的眼神有了更深的等待，“漫漫长夜里，未来日子里，亲爱的你别为我哭泣……不是在此时，不知在何时，我想大约会是在冬季”。我们守候着每个冬天，在飘雪的日子里，唱着伤感的青春，唱给爱的人，唱给爱的心，朦胧着，梦幻着，泪水着，忧伤着，校园的枯草，操场的黄叶，青春，就这样有分量地存在着。

回不去了，当丝丝白发悄悄地挤出点点鲜亮，当脸上的沧桑已不可躲藏地谱写着岁月，我知道，青春常在的说法，其实是一种疼痛的安慰。看着孩子日日蹿高，看着父母不可抗拒地走向衰老，我的青春，只能留在疲惫的回忆中。我们为生计奔波，我们为亲人劳碌，我们为自己挣扎，没有校园可以再呵护你的惆怅，没有青春可以再宽容你的错过，我们累了，在时间中慢慢地收起青春的翅膀；而齐秦，也在岁月的洗涤中，渐渐收敛了他的叛逆、他的锋芒。他开始温暖了，开始生活了，他的声音有了慈祥，有了虔诚佛教徒所拥有的圣洁与温柔。他唱着，不再是狼的嚎叫，他走着，已抛却了狼的桀骜，而我们也在这样的声音中，消磨了岁月的棱角。

回不去了，齐秦开始唱徐志摩的《偶然》，我听出了一颗大度与释然的心。“我是天空里的一片云，偶然投影在你的波心，你不必讶异，更无须欢喜，在转瞬间消灭了踪影。”可是，齐秦，你会只是偶尔投影在我们青春记忆里的一片云吗？

不，至少于我，你是我青春的一部分。

至此，CD 播完，唱机戛然而止，而齐秦的声音，依然在夜间弥漫……

雨季再来

一

二十多年了，我还是会想起，实习生活的那个雨季，那个三月。

记得那是一个有雨的夜晚，我又一次走上了那条三天内已走过数遍的街，静静地，想制造一种美丽和谐的心境。

路诗意地蜿蜒着，把蒙蒙的路灯展现的空白吸入了自己的怀抱。感觉着寂静，听不到白天的嘈杂，看不到令人绝望的拥挤，顷刻间，这座小城突然变得从未有过的安闲与美丽。雨还在下着，缠绵而又忧郁，那淙淙的细语倾诉着一种心音，似抚慰着几颗骚动不安的灵魂。

“肖老师！”一丝细细的童音从雨丝中传来，是一个十四五岁的男孩，比我矮了一个头还多，模样很可爱，撑着一把黑伞，歪着脖子，睁着一双机灵的大眼睛着看我。老师？我不禁一颤，有点受宠若惊。实习前常常照镜子，左照右照，还是觉得自己里外不像个教师。我冲他微微一笑，想起了《夜走灵官峡》里的小成渝……

“后天，你该给我们上课了，你一定会上好的。”说完，不等我开口，他转身跑开，很快便消失在细雨中。

可不知怎的，一种沉重而又莫名的失落像积雨云一样郁结在空中，像雨一样弥漫在街上。实习已有三天了，我却感到十分难挨，好闷呀！我真想逃避，为什么？是孤独还是惶惑？我也说不清楚，只希望实习快点结束或者根本就没有开始。

我真想再和那个小男孩走上一段路，我害怕静坐斗室任一种虫噬般的空茫细细碎碎地爬上心头……

我木然地咧了咧嘴，是冷笑，也似乎是苦笑，算是对这几天实习生活的回答。

雨还在下着，小城入睡了，我孤独且自由地走在她那弹性的皮肤上……

二

那晚的试讲，自我感觉好极了，我突然生出一种强烈的“请战”愿望，将它挂在床头，回味了整整一个晚上。

明天，平生第一堂课，我要成功，我渴望成功。

当铃声响起时，我觉得腿有点软，上足了一个晚上的发条，勇气的钟似乎又无力了。

第一次面对五十四双又纯又亮的眼睛，不知道该说些什么，也不敢移动步子，那讲桌成了我唯一的依靠，恰到好处地掩饰着我双腿的微颤。他们的微笑充满信赖，饱含期待。不能让他们失望，我努力静了下来。“今天，我们上《看云识天气》。”这句话似乎憋了几个世纪，至此终于倾泻而出。很快，我便进入了角色。“你们平时看到的云像什么？”“魔鬼”“奔马”……学生们的发言十分积极，气氛很快活跃起来了。他们一定认真地做了预习，我从心里感谢他们的配合。我的思路很清楚，也似乎渐渐进入了忘我之境，挥洒自如起来……

下课了，不知为何我怎么也想不起“再见”两个字，脱口而出的却是“同学们好”。我心里暗暗地骂着自己，脸涨得通红，窘极了。学生们却微笑着齐声说：“老师再见！”好响亮。多么可爱的学生啊！我喜欢上了他们。

一个小小的插曲，一个美丽的错误，给我留下了更深刻的印象。我的第一堂课，竟让我想起了断臂的维纳斯，想起了席慕蓉的《艺术品》：“是一件不朽的记忆，一件不肯让它消逝的努力，一件想换回什么的欲望。”

呵，天气好迷人……

三

我的朋友并没看我，他的眼睛望着黑漆漆的窗外，如痴如醉地向我诉说着他的心事。雨下着，悒郁而又固执，单调的声音很好地衬托了此时的静默，只有几个烟蒂缩伏在地上，红着眼，既而不甘心地闭上……

远方的一个女孩鼓足勇气说爱他，那封信让他失眠了好几个夜晚。他不是不爱她，他只想做一茎无根的瘦草，在风中飘飘荡荡，他不想也没有勇气让她做一缕寂风……

雨还在制造凄凉。

回到童年该多美啊，无所谓烦恼，无所谓疲惫，我们都太累了，他这么说，我也这么想。

“老师，和我们一起打排球吧。”

“老师，下次打乒乓球我和你搭档，好吗？”

“唱支歌吧，老师。”

…………

欢乐的赐予者，我已深深爱上了他们。每次走进他们中间，自己似乎也小了六七岁。一张张天真可爱的笑脸，消除了我所有的不快和疲劳，仿佛自己也回到了蹦蹦跳跳的初一时光。他们的纯真、稚气甚至他们的认真，都使我为之快乐和骄傲。拥有了他们——我的第一批学生，我不再孤独，不再寂寞，我的心容纳了山川日月，更容纳了五十四颗纯洁的心灵。爱，使我更加努力。

还是那个雨夜里遇见的男孩，冲我调皮地眨了眨眼，踮起脚，贴近我耳朵，说：“老师，明天春游让我们跟着你吧，我们喜欢你。”

那一刻的惊喜是我长久的企盼，我被感动了，我会还给你们一片真诚的，我想。

“我的童年的国度并非远处天涯海角，它就在我心中，谁也未曾将它拿走，只是不易寻得通向那里的道路罢了。”埃尔温·斯特里马特这么说。

如今，我寻到了，在这群学生中寻到了。

对，明天得告诉我的朋友，不是每一天都会下雨。

四

“朗读富有感染力，上课条理清晰，板书规范。”前来听课的县教研室的老师给了我很中肯的评价。

慈祥可敬的指导教师蒋老师也投来了赞许的目光。

角落里，一群学生叽叽喳喳地议论着：“老师的课听了怪舒服的……”

这世上最让人快乐之事莫过于自己的努力被承认，一种兴奋充溢着我的心胸。兴奋之余，更让人牵心的却是那个失误和疏忽，我常为此陷入自责的旋涡。

那是上《小橘灯》一课。

“肖老师，那个七八岁的小女孩为什么会这么懂事呢？”是他——一个平时在班里调皮得出名的学生。

时间不多了，我只顾按照自己的计划继续讲课，没在意这个期待的语音，无意中我看到了一双含着几分忧伤与失望的眼睛……

事后想来，这是一个多么有个性的问题！一个本来可以活跃思维、引发兴趣、掀起争议的问题，却在不经意中被我轻易放弃了。我好悔好愧，而更让我内疚心痛的是——我的忽视一定刺伤了他，让一颗本已怀着几分自卑的心变得更胆怯、微渺。他多么希望有个老师能注意他，多么渴盼有双眼睛能鼓励他，而不是一味地忽略他。我犯了一个几乎不可原谅的过错，他的心里一定在下雨，而那场雨，是我制造的。Sorry!

…………

以后的日子里，我把目光更多地投向了他，希望他能读懂我的歉意，也希望从他的目光中读出谅解。唯愿每一个他都能感受到阳光般的暖意，觉得自己每一天都能和太阳一样绚烂地升起！

把口袋里每一枚亮晶晶的硬币都送给可爱的你们，把心中每一束阳光都洒向诚挚的你们。我努力着，只为与你们共有一个宁静的、真诚的港湾。

这，原本就应该是一个丰富多彩的世界。

五

日子在欢乐中悄悄地翻过一页又一页。三月，漫长的一个雨季，本应更多地属于寂寞单调，可我为什么感觉身处阳光的包围之中，时时感受到亮晶晶的欢乐?

哦，阳光来自五十四双清亮的眸子，他们的笑把他们的爱毫不掩饰地馈赠予我。

“老师，没准儿你考试也偷看过。”

“上课也一定被罚过站。”

“哭起鼻子来不一定比我们好看到哪里！”

话语如同眼神一样纯稚。

我仿佛岸边的一块大石，这些天真可爱的小溪、小河在我身边汇聚着。我珍视他们的每一次注视，他们的盈盈笑脸，正如那一片灿烂的阳光绽放在我心中。荡漾在笑声中，我不禁想起一句描写故乡山水的诗句：“难忘啊，楠溪江褶褶水波里升起的太阳。”

是的，他们是太阳，是星星。这些日子以来，我站在讲台上，面对灿如群星的许多双眸子，无时无刻不想更深地了解这些星座。教师的生活是清淡的，然而这份工作带来的快乐又是其他工作所不能企及的。三月，我以自己青春的笔为人生涂抹上重重的一页，我记住了许多装满了春天故事的名字，记住了一轮轮小太阳：戴黎峰、邵俊、周纪成、杭城、叶煊鸿、宋芳华、杨学赟……

我们之间，默契而又亲热。

一天晚上，下着小雨，夜色如墨，我改到一本周记，一行清秀的字迹引起我的共鸣。“我一直向往着阳光的明丽，可如今我却爱上了三月这个绵绵的雨季，因为我不再只是我，而是我们中的一员。”是啊，走在悠长的小街上，任思绪随雨丝飘逸，而后学会期待，期待一把伞——这不也是一种心灵的惬意吗？

其实下雨，真好！

六

泪，晶莹的泪花，模糊了所有的形象，只有感情线路仍是那么清晰。

“这是我给你们上的最后一课——《扁鹊见蔡桓公》。”我故作微笑，故作轻描淡写。可我知道，自己的心在偷泣。

安静，用一根针掉在地上也能听得见来形容丝毫不过分，每张纯稚的脸上都带着几分忧伤……

“邵俊，请你说说故事的大意。”他的手举得比谁都快（事后他说他是不假思索地举起了手，因为这是最后一次了）。我脉脉的眼光停留在每个孩子的身上，似乎想挽留住一些，也似乎想多给予一些。

忘不了最后一声“老师再见”，多么响亮，整齐，有力。我知道这一声“再见”的分量。轻轻地，我在心里默念着：“三月，雨季再来！”

…………

雨，不停地下着，面对十五分钟的告别会，我真想冲进雨幕洗走一身如烟的离愁。尽管事先准备了发言词，可我根本没想到气氛如此凝重，全班同学沉默不语，许多同学更是埋下了头。我的心颤抖着，一种流泪的欲望油然而生。我才说了个开头，声音就变了，颤抖，低沉，带着哭腔……泪水在我眼眶里打转，我强忍着，努力不让动情的泪花涌出。

“你们是我第一批学生，在这里，我留下了平生第一课。”

雨下着，静静地，似乎被感动了。我看到几位同学用袖子拭着眼眶。相逢是湿漉漉的，“再见”竟也贯穿整个雨季。

“你们给予我真诚和信任，我知道，我的课并非人人满意，我多想弥补我的过失，可我再没有机会了。”

更多的同学埋下了头，几位女生小声地抽泣起来，一批男同学也哭出了声，这就是爱啊！我实在忍不住了，把头转向黑板。我渴望尽情发泄，可我不能让他们再感染上我的失态。“老师，你就哭出来吧。”雨天里一个带泪的声音。

潇潇春雨，仿佛含着无限的哀怨和依恋，时疏时密，忽舒忽骤，如泣如诉，每一滴雨都是一个低沉的音符。这雨中的告别，是我关于三月的记忆中最深的一页。窗外迷迷蒙蒙，不知是雨还是泪……

再见了，三月。

再见了，雨季。

再见了，我们的故事！

递上来的一张小纸条上写着一行幼稚的字，那是所有心音的汇聚：“雨季，再来！”恍惚中，我又看到了一次次坦白的对话，一回回直率的交流。

…………

逝去的是时光，不逝的是真诚。于是，每一个阳光明媚的日子，我都会回味着那个雨季里湿润的故事和故事中童话般的快乐。

雨季，再来！

目送

快到实验小学门口了，六六示意我停下自行车，说这段路他自己可以走。

我很小心翼翼地停下，他则轻盈地从自行车后座上跳下，像树上的麻雀一样，轻轻地落地，然后低下头啄啄自己稚嫩的羽毛，整整校徽，顿顿衬衫上的小领子，我的眼睛一秒钟都没有从他身上游离开去。我右脚踮在地面上，支撑着我的自行车，稍探点身子从车篮子里拎起六六的书包。三年级了，这蓝色的背包越发沉重，六六一本新书也舍不得留在家里，包括也许一学期都用不上的本子。他熟练地把双肩背包的背带套在肩上，然后一耸身子，书包就牢牢地定格在他瘦弱的脊背上。我想说点什么，比如“好好学习”，比如“上课听讲”等，还没出口一个字，六六，立刻敷衍地挥挥手，头也不回，就这样径自闪烁在前方。我张着嘴，半晌，硬生生地憋回了要掉落在地上的嘱咐……

我开始了我的目送。

我看到他不时地耸一下肩，以便让书包更牢固地贴在背上。人群里，他显得很瘦小。硕大的书包很清晰地呈现着他脊背的瘦弱，仿佛这个空间空旷得只剩下我的六六在跳跃。看着他的背影慢慢淡出我的视线，拐进校门，我才放心地收回了眺望的目光。

我很忧伤，是突然而至的那种情绪，仿佛我的儿子即将开始他独自的旅程，而不再需要我，不再需要我的维护，不再需要我的帮衬。无论我再怎么眺望，他留给我的只是背影和惦念。我站在路口，和我的自行车。在熙熙攘攘的人群中，我突然感觉一种诀别般的忧伤在弥漫。繁华有时，寂静有时，在喧闹的街口我能听见自己的不安。我愣愣地看着六六长大，不，是离开。他是从我手掌滑落的一粒种子，找到了自己的罅隙去萌芽、去摇曳，是从我怀中挣脱的一道溪水，拒绝了我所有的庇护，执意地流向自己的海洋，甚至荒漠。

我很想他背着书包的身影再次闪耀在我的面前，我愣愣地看着身边掠过的每一个表情，还有翩翩走过的每一个微笑，我都将他们想象成我的六六。可是，当我递出我的期待时，我才知道，目送是我与儿子接轨的最好方式。在眼光的注视下，六六和我完成着一种交接——背影，是留给成长的，是用来告别的。

掌心还残留着我们大小手相握的余温，他就是这样在我的牵拽下慢慢长大的，一米二，一米三……六六越来越高了。我以为我可以牵着他的手走向更远的旅程，我以为在他独自远行的时候，我会适时放开这样的牵挂。可现在，还没送他到自己喜爱的那棵树下，他就已迫不及待地抽出了他的手，像一股摆脱了束缚的溪流，冲向自己喜欢的空谷，没有一点留恋。就像曾经的我挣开父亲宽厚的手掌那样，感到无比自由和轻松，虽然，那时，我以为是一种悲壮。我站在喧闹的路口，愕然地舔舐着这样无情的告别，我看着其他家长脸上的皱纹，看着他们眼中的疲惫，我知道，岁月，也给了我这样的护照，让我得以在中年的时光里畅通无阻地忙碌穿行。我享受着六六对我平静而安稳的生活的破坏，在那些让我焦头烂额并捉襟见肘的时光里，我一直乐呵呵地微笑着，阳光又平淡。可是，就在这样的一个码头，目送，他升起远航的帆，没有回过头看我一眼。仅仅只是走向离家不远的学校，我却无比清晰地感到酝酿在远方的那场必然的告别。

宽宽的校门缓缓地关闭，我和他，瞬时两个世界。

站在离家不远的学校路口，一种不可抗拒的离别的疼痛裹挟着我走向遥远。我曾抱着六六，轻轻地将夜晚拍打成睡眠的童谣；我曾喂下他一口饭，仿佛喂下一个春天的希望；我曾放慢我的脚步，等待着他追逐成一种成就；我曾狠狠地训斥他，看他吓得缩成一团委屈和惊慌……这样的镜头温暖着我的记忆，而今，我却在吮吸着一种决裂般的成长的疼痛，虽然，那也是一种成长，但是当它迅速来临的时候，我的心，还是那么尴尬地涂满忧伤。

午饭后，我背起他的书包，他说可以和同幢楼里的孩子一起走。我答应了，却悄悄地尾随在十多米远的距离。阳光下，蓝色的书包在清晰地前行，他很享受这样的沉重，我却凝视着，再次浮起心绪。孩子，你可知，你是我一辈子的目送，穿越千山万水。

春天忍不住来了

开了门，圣宸就按捺不住急切，探着小脑袋往我的客厅东瞅瞅西瞧瞧，黑色的眸子晶莹闪亮。

我知道，他在寻找六六，便故意说：“六六不在，他考了四个一百分，飞到外面去玩了。”

圣宸根本没在意，眼睛里依然是一片欣喜。这里，只要有孩子在，就是乐园。他的爸爸总希望我给这个四年级的孩子说点什么，比如作文，比如阅读，我呢，总想着避开这样刻板冰冷的用词，避开一位父亲春水一般涨起的无限焦虑。阳光薄薄的，温柔又舒展，天也蓝蓝的，树也静静的，我们该笑着，孩子一般。

我说，我和你一起读书。

孩子说，读什么呢？

“这样吧，你先读一读金波爷爷写的五首诗，找出你最喜欢的一首。”圣宸马上高声读了起来，好像要喊醒每一个沉睡的字，去急忙忙地站成春天的树、春天的草。他读的时候，身体是微微摇晃的，好像踩上了窗外阳光跃动的节拍。“这首，我喜欢！”圣宸毫不犹豫地指着。《春雨》！诗歌上还配着鲜艳简洁的儿童画，几行春雨飘飘洒洒，下面是绿色的叶子、黄色的花，一切都在笑着，孩子一般。

“走起路来，总是一跳一跳的，脚一沾到土地，就藏了进去。待他们又显现时，就变成了小花小草，铺满了大地。”

轻轻一读，我也喜欢上了。眼前，仿佛就有这样一阵可爱的春雨，欢快轻盈地从空中落下，溅到地上，叮叮咚咚，像顽皮的小精灵，跑乐了整个大地。这个世界有诗歌真好，有童心真好，诗歌遇到童心，我们就拥有了世界的美好。难怪英国诗人华兹华斯说："儿童乃是成人的父亲。"心灵不洁白，我们就在诗歌外沉沦，我们就在春雨中迷失。

"你最爱读哪一句？"我转过头，盯着孩子的眼睛。

"哦，一跳一跳的，脚还会沾到土地。"圣辰几乎没怎么想，就小花小草一样地摇晃出他的喜爱来。春风像个人，还会走路，会藏猫猫，多有趣呀！"那你知道春风像什么人吗？"我还是望着他，不紧不慢地跟着一问。"嗯，像我们，像孩子！"孩子的手指顶着下巴，歪着脑袋，开始想象那些藏在土地里的小伙伴了。

我好像听到春雨滴滴答答落下的声音，看到红花绿草在雨中竞相生长的姿态。小树长出了嫩芽，阳光贴着地面旅行……金波的儿童诗写得那么清新、自然，能写出这样诗句的人，他的生活该是多么纯粹、真诚！

风来了，窗外的云缓缓移动着，不情愿地散开。

"那我们来写写春风，像金波爷爷一样，好吗？"

圣宸盯着我的书签，痴痴地看着。

"那行，你写好了，这书签就送给你！"

孩子很快拿起了笔，写下了"春风"俩字。字歪歪扭扭的，像喝醉了酒的春风，不规则地吹拂着。

没多久，我看到了他的第一段："走起路来，总是翩翩起舞着，一看到森林，就钻了进去。"儿童真的天生都是诗人，读着读着，就摇响春风的铃铛，写着写着，就流淌自己的诗句。

别总想着去教孩子，他甚至比你写得更像诗歌。

可是，圣宸很快就腻烦了，断断续续地嘀咕起来，一会儿春风，一会儿春雨的，我知道，孩子的注意力开始游走了，便和他闲聊起来。

"期末考了啥作文呀，怎么会没写完呢？"

“写我忍不住什么什么的。”圣宸说。

“那如果是春风，它会忍不住什么呢？”

“春风忍不住翻了几个跟斗！”圣宸几乎没怎么想就说了出来，他的眼睛瞥向窗外，几只鸟飘然掠过。

我差点站了起来！好句子！春风会翻跟斗，顽童一般，在大地上翻，在草原上翻，在所有的角落里翻，翻个跟斗，草绿了，再翻个跟斗，花红了，三个，四个……这个世界就这样被春风翻出了清新和色彩。翻跟斗这个比喻，比“翩翩起舞”可要灵动得多。既有感性，又有激情，孩子，你这一翻，就把你的灵性给翻出来了。

“真好，来，可以再加一张书签！！”我这样一说，圣宸的眼睛就亮了。他继续翻起跟斗来：“春天的太阳忍不住探出了脑袋。”“春雨忍不住拉着降落伞跳到了地上。”“小草忍不住叩了叩泥土做成的门。”……

我多久没读到这样的句子了，我多久没遇到这样的想象了。“我坚信，花朵开放的时候，有声音……它们唱歌，演奏音乐，甚至欢呼、喊叫。”我想起了金波的另一首儿童诗《花朵开放的声音》，这声音，“蜜蜂能听见，蝴蝶能听见，那只七星瓢虫也能听见”，可是，多少作为大人的我们却听不见？春天忍不住地来了，可是我们这些大人呢？“我摘下的鲜花，已停止了开放。”

我把两张我的书签轻轻地送到孩子的眼前，他乐了，眼里一片春光。

很快，我读到了他的诗歌——《春风》。

走起路来，
翻着跟头，
一看到森林，
就钻了进去。

小草好奇地探出头来，

春风见了，跑过来摸摸，
小草精神抖擞地挺起了胸脯。
小花睡眼惺忪地打着呵欠，
春风捏捏她的脸，
她就羞涩地绽出火红的花瓣。

春风带了好多颜色呀，
她给湖泊和天空湛蓝，
她给大树翡翠般的碧绿，
又给了土地发亮的黑色。

每个句子都亮晶晶的，都是露珠凝成、阳光闪耀的。小天使，你是在教我写诗吗？不，你在教我看世界！

我觉得结尾少了点什么，太圆满了，要有个孩子来搅局才好。“春风的颜色还要给谁呢？”圣宸等着我进一步夸奖，没料到我又问了这样一句。

“给我们人，给我吧。”对，我要的就是这样一句。“那春风给了你什么颜色呢？给你颜色，你要拿来做什么呢？”

这样，诗歌就有了最后的三句：

她最偏心，
竟给了我所有的颜色，
要我画出，五彩的童话。

“我有一壶酒，足以慰风尘。”“童心可挽春停脚，须发何愁雪压头。”真是这样的。和孩子一起阅读，我们会读到春天；和孩子一起写诗，我们会走进童话城堡。爱这个世界，就爱这个世界的每一声虫鸣、每一畦露水。孩子低头把玩着书签，我却徜徉在他的春风里，欣喜着，感动着，忧伤着。

春天忍不住来了，忍不住来的，还有诗和远方。

姐姐，你和语文一起美丽

我上课，姐姐坐在台下。

我偶尔瞥她一眼，她认真得像我课堂上的某个学生，安安静静的，我的亲姐姐。

“想想，姐姐真愧疚，从来都没听过你上课。”姐姐的手轻轻地抚着我的肩，眼睛里竟然清晰地印着我的身影。

姐姐眸子中的我，是一个孩童，瘦瘦的，站在冬天的风中，站在离家不远的砑子山的土堆上，细长的脖子伸向远方，远方是姐姐红格子的棉袄、红色的纱巾，还有军绿色书包里油纸包着的一块圆圆小小的酥饼。姐姐读中学，一星期回家一次。每次回来，她都会从微薄的饭菜票里挤出一块饼。在那个和风沙一样干枯贫瘠的年代，香脆的酥饼满足了一个孩子对生活的全部憧憬。每逢周六的中午，我就会站在高高的土堆上，等着她摇晃着手臂向我奔来……

姐姐眸子中的我，是一个少年，单薄的，站在旧式的站台上，等着冒着浓烟的绿皮火车轰隆隆地驶过。天色暗了，星星亮了，少年的心颤抖着。他一列车厢一列车厢地跑过，喊着姐姐，喊着她的名字，喊落了天上的星星，喊来了遮月的云朵，喊来了一站台的空旷和害怕。人群散尽，姐姐没来，他孤零零地站着，夜瞬间吞噬了回家的路，溪水的歌唱和着他的哭泣。多少次，姐姐给了他八里沙子路惶恐的哭喊，姐姐，回家——

姐姐眸子中的我，是一个青年，站在梧桐叶飘飞的校园里，站在冬日的暖阳下，站在春草萌动的小径上，站在夏风拂过的屋檐下，接听着她的电话。姐姐说着她的故事，我说着家的故事。姐姐告诉我，深圳的太阳热辣辣的，深圳的空气沉闷闷的。我告诉姐姐，老家的天怎么看怎么蓝，老家的水怎么掬怎么软。姐姐说，孩子大了，越来越难管了。我说，爸妈老了，越来越唠叨了，越来越迟缓了，越来越浑浊了。我们撕扯着烦恼，我们咀嚼着悲伤，最后，我们很幸福地说，很好，有家的烦恼真好。

我大了，很少和姐姐说我的故事。我一直微笑，即便是在我最痛苦的时候，我也不让姐姐察觉我身上的担子、我心中淤积的无限的苦。姐姐给了我太多的快乐、太多的忧伤，我却隐匿我成堆的烦忧。我大了，我想做一次哥哥，家的心事，得压在我的身上。我不能再瘦弱！

姐姐知道，却不说，我们习惯了轻描淡写，她的眸子里，我更分明了。

这个下午，中国的大部分地区，还游移着冬天的寒气，可深圳依然阳光灿烂。深圳玉龙中学，我的姐姐在台下看我上课，无限幸福，无限骄傲。

她带着她的闺蜜们，一脸神圣地坐在第一排。姐姐从未有过这样骄傲的时刻，那些细细碎碎的阳光钻进报告厅，也顽皮地挤上她还乌黑着的头发，挤上她的衣裙，荡漾着，摇曳着，祈祷着。她看着她的亲弟弟，那个记忆中瘦弱稚嫩的少年，这个眼前在讲台上翩然而立的语文老师，是否还会记起当年那一个个天寒地冻的冬夜，当年那一条条沙沙作响的黄泥路，当年那一块块飘香的小酥饼?

我想，她是记得的，我记得，她就记得。

我不看她，我的姐姐。我怕忍不住落泪，我会想起那一串串拴着眼泪、系着艰苦的日子，冬天的寒风呼呼吹来，夏夜的忧伤悄悄蔓延，姐姐背着我，姐姐抱着我，姐姐护着我。我怕想起远去的爸爸，想起他颤抖干瘦的手，他拉着我，拉着姐姐，我唤一声爸爸，姐姐唤一声爸爸，几声以后，爸爸就没了。我怕想起家里苍老的妈妈，想起她哆哆嗦嗦地接着我们的电话，想起她和黑夜一样漫长的忧伤。

可是，姐姐就在我的课堂上。

那个声音微弱的女孩就是她，她怯生生地读着琦君的《春酒》，偷偷地把手指头伸进醇香的酒杯；那个眼里含情的女孩就是她，她轻轻地捧读母亲的往事，一脸真诚地感恩着遥远的呵护；那个眼眶发红的女孩就是她，她说着鸟窝里的温暖，翻检起自己漂泊异地的孤单，站成忧伤；那个止不住哭泣的女孩就是她，从不解释自己的酸疼，只让眼泪滴落在冬天的课桌上。我拥抱着她，拍着她的肩，就像姐姐拥抱着我，我们不说话，这样，很好，很好。

姐姐就在我的课堂上。她把位置挪到了台下，却把往事挪到了我的心底。

她跟着我们读《植树的牧羊人》，读老人种树的细节，仿佛就走在深秋的落叶黄花中。她读《春酒》，读那无限感伤的句子：“可是，叫我到哪里去找真正的家醅呢？”她呆呆地读着，忘记了看我。

我想起她读书时那副时不时破损的眼镜，想起她怎么读也读不懂的厚厚的数学书，想起她偷偷放在书包里的琼瑶和三毛，往事如烟，宛在眼前。我心一抖，那句“真正的家醅”竟多了些哽咽。

没错，你是第一次走进我的课堂，却是早已融进了我的语文生命。

我把年少相偎相依的时光化成语文，我把我们走过的悠长小径化成语文。凛冽的寒风吹进了文章，飘香的酥饼嚼碎成字，一路野花的黄沙路铺展成书册。星光照耀的童年瘦成诗歌，泪水浸润的少年跌宕成小说，孤独的站台、空阔的草地、红色的纱巾、和你一样倔强的小树，组成我们读过的单元。那个植树的牧羊人就是我们勤劳的爸爸吧，脊背成弓，还在荒芜的高原上孜孜不倦地种树，枝叶繁盛，绕住了他的白发，葱茏了我们的生命。那个弯腰恭候、微笑着迎来送去、把寒荒的日子酿出春酒般芳香的女人就是我们的妈妈吧，她偎依着门，孤苦地看着落日西沉，看着大树睡去，等待成灯。而那个望穿千山万水，终愿在静默的流年里守得一隅安暖的，就是姐姐，就是我们啊。我的语文，我们冷暖从容的岁月。一叶知秋的遇见，落雪纷飞的寂静，悲欢离合，缝缝补补，都是我们，都是语文。

姐姐。

今天，我上语文课给你听，你会听到我们的故事，看到我们的影子，我们的路……

“语文真美！”姐姐的长发垂到我的童年，眼里含泪。

深圳玉龙中学，我的姐姐坐进我的课堂，幸福，骄傲，淡淡浓浓的伤感。

语文真美，是，姐姐真美。

我们轻轻地拥抱了一下。

千帆过尽，那被我们苦难又甜蜜着的日子，真美。

世界，别与我争夺

一

“上帝开始怀念我了，培东。”电话的那端，师傅的声音不无忧伤。

我望着书架上和师傅的合影：他站在一排排绿色的大树前，精神矍铄，目光慈祥、儒雅、蔼然……这样的长者，这样的语文人，举手投足间盈满诗意仁心，上帝怎么可以急于召唤呢？“师傅，不会的，我们说过，要紧紧地拽住你的。”我故意说得几分顽皮，眼睛里，却有着湿润的感觉。我紧紧地望着照片上的他，只想用目光把他嵌进那一片苍翠欲滴的生动中。

“培东，最近我状况不好，走路要人扶，起床要人帮，老了……”师傅淡淡的几句，尽显疲惫和伤感。成都遇到时，师傅还是一如往常地谈笑风生，说语文，说人生，弹指间沉浮岁月都在襟袖，眉宇里都是一股昂扬之气，可几日不见，怎么就和季节同行，变得如此萧瑟与怆然？不，不会的！楠溪江上那只竹排，还记得你掬起的水花；滇池水上飞舞的白鸥，还记得你爽朗的欢笑；成都路边的大碗茶盖，还留有你手指的余温……师傅，你馈赠给语文的，时光会重新馈赠给你，你怎么会老呢？

“昨晚，我做了一个梦，我去参加一个追悼会，追悼的竟然是自己。”师傅哑哑地说。

“那就是了，解梦的都说，死亡代表的是一种安宁、稳定的状态，梦到死亡，其实是一种非常吉祥的征兆，那就是长寿！”我努力地笑了，师傅也努力地笑了。我信，你必须也信！好吗？

“福州的会议，也许是我最后一次 ——”

我很快打断师傅的话：“不会的，调理一段时间，师傅你就会好了，好了你就又能和语文一起走走了。放心！”语文不老，你怎可老？语文青春，你就青春！

黑夜里，我虔诚地祈祷。

二

父亲又住了院，三天了。

我搀着父亲，一点点地挪向医院。苍凉的天，寒风丝丝，父亲的脸布满皱纹，眼神一片迷茫。他看的是那远远的路，他不看我，或者，他尽量不看我。这几年，父亲的时光都是在医院里进进出出的，住院部的医生和护士都已将父亲身体器官的各项指标烂熟于心，父亲甚至觉得有些惭愧，为这条记下他疼痛的泥路。

冷冷的雨，滴落在浑浊的路上，冬天就不能再任性地清澈了。我的父亲，乖乖地缩在白色的病床上，像个孩子，我的孩子。偶尔我唤他一声“爸”，他就转过头来，浮肿的脸上的千沟万壑渐渐舒展成苍茫的土地，眼睛里挤出一泉明亮。他这样看着我，像看着他的过去，苦难中打拼的过去，用血泪浸满希望的过去，健康又活跃的过去……而在一瞬间，父亲浑浊的眼神、衰老的面孔、布满沧桑的白发，与那些艰苦的往事交织在一起，滚滚向我袭来：父亲的锄头、父亲的铁锹，父亲的矿灯帽、父亲沾满冰雪的鞋子……

“东，我看你爸爸寿命不长了。”说这话的，是母亲，她的眼神里都是风霜。

“东，好好陪陪爸爸，这个世界爸爸就那么一个，没有的了。”隔壁的叔叔，好心地叮嘱我。

我转过头去，望着我的孩子，我不知道，他是否也听懂了这个世界的挽留。

“不会的，爸爸得的就是些老年病，小病长寿，妈，你们都别担心。”我说给母亲的白发听，我说给我的恐惧听，我说给这个世界的黑暗听。我说这话的时候，父亲一定还蜷缩在病床上，无聊地望着周遭的一片白色，想念着他种植的蔬菜，思念着他的田畦，和他的孙子……

这个世界，有牵挂就有不舍。世界，别与我争夺父亲。衰老蹒跚的父亲，于你们是多余，于我是唯一！

三

我想念我的老师了。

王老师，嘉善的风大吗？好想听你讲《诗经》，讲《庄子》。这个冬天，红叶被雨打落，离开的时候少了点潇洒，多了点凄美，若是你看到，会不会也在感叹生命的无常与微渺？读着你的手稿，就像读到你的清爽笑声，还有师母深情的弹奏，一切最美又回到心中。“人生到处知何似，应似飞鸿踏雪泥”，我们的珍惜，就是这样的。

郑老师，湖州的天蓝吗？这个冬天，你孤独地住在养老院里，和你说话的，会是谁？总是你打给我电话，说话的声音还是那么响，那么高亢。仿佛，这个世界都该知道，你，有个学生是我了。可是我知道，骄傲地放下电话的刹那，你要回归的是怎样的寂寞？

濮老师，海宁的雨冷吗？上次见你，感觉时间没有再给你添上风霜，老师，你竟然是骑着自行车来和我们一起吃晚饭的！冬天的风冷，冬天的雨也寒，我不知道，那辆小小的自行车，还能载着你一路向前吗？真想再听听你读书的语调，你却说，该我读给你听了。那么，今夜，我读，我读。

周老师，佘老师，杜老师，还有好多好多老师，我不能一一地说，可我会慢慢地想。雨滴多么轻盈，世界给我的触摸多么温存。时间真会老去吗？思念的树，不老，你们，也不能老！

以前的冬天，你们是母亲。这个冬天，你们是父亲。

我的母亲，我的父亲！

四

“爸爸，我爱你！”六六在唤我。

他在看书，却很自然地叫着。

“爸爸，我爱你！”我也这样地唤着，朝着窗外的冬天！

世界，别与我争夺！

我甚至是恶狠狠地喊着！

母亲，编个春天给你

七个小时的飞行，来到新疆维吾尔自治区，入住昌吉回族自治州的酒店时已经是深夜十一点了。

雾霾裹住的大西北，还如冬天一般在沉睡。路，无止境地延伸着，随着大西北苍茫任性的脾气。夜色中一排排高高直直的树，只把黑色的躯干裸露在寒冷的风中，城市的灯火，也不说话，朦朦胧胧的，少了点华丽，多了点心事。

从杭州到新疆，我忘记了计算距离，但我知道，我的老母亲一定在数着我离家的日子。父亲走了，呆滞的时光多了，她也就跟着衰老了，单薄的身躯站在阳光下，几缕银丝闪闪亮亮地憔悴着。她想我，她念我，她越发孤独了。

可我又不能不外出，我不能蛰伏在家中只和老母亲一起哀伤。世界上永远没有不分离的陪伴，我狠狠心，去杭州，飞新疆。

我不敢和母亲说我要去新疆，她的焦虑会和飞机一起起飞，升空，颠簸，最后滑翔。我在天上飞七八个小时，她就会在地上担忧七八个小时，直到我平平安安地走出机舱，她又开始下一段的忧虑。母亲对儿子的牵挂，是永动的：你安安全全地走在夜色里，她也会担忧；你平平淡淡地和朋友聊天，她也会催促；即便你温暖地睡在被窝里，她也会梦到你穿不暖吃不饱。她呀，非得听到你的声音，看到你的面容，才觉得踏实安心。父亲在的时候，我外出的日子里，都是他拨的电话。一会儿问你午饭吃了没有，吃什么；一会儿问你酒店的床温暖不，干净不；一会儿问你课上得好不，大家对你怎么样。问得多了，我都是漫不经心地说“好”“很好”，他便转过去对母亲重复说“好”“很好”，然后满足地挂上电话。父亲这一走，母亲便开始独自承受无边无止的焦虑和挂念，手机里常常出现的“爸爸”就换成了“妈妈”。她开始学会在电话里唠叨时光了：“东，回家吃饭。”“东，六六这几天很乖。”“东，你什么时候回家？”语调间，我总想到我的父亲。轻薄的寒烟，擎天的大树，夜色苍茫中，他在哪里？

去杭州，母亲还是颇为放心的。但如果告诉她我要飞新疆，她的时间一定抖抖颤颤，她的心事也一定层层叠叠。我原来是想不去新疆讲课的，可是一句“边远地区的老师也需要你”就让我无法拒绝。人，被需要是一种辛苦，也是一种幸福；是一种责任，也是一种回馈。我的母亲，一定也希望我能捏一把春光洒向遥远，虽然，她会更加孤独。我偷偷观察过她，看她僵僵地站在厨房里，看着爸爸酿的酒发呆，抚摸着爸爸种出的青菜流泪。家里的菜吃不完了，倒了可惜，她就想着他，“你爸在就好了，这些他都会吃完”；家里的煤气用完了，她一边吃力地挪动，一边带着哭腔说着对父亲的愤愤不平。她擦拭着栏杆，会念叨老头子；她看着门口的沙发，会怨那个弃她而去的老伴。“哪怕你再活个一两年，和我做做伴，多好。”母亲常常这样说，说着说着，便偷偷地拭去眼角的泪水，而我，也被带进了她挥之不去的苦痛中。

我决意去新疆，可是真看到航班时间，也是踌躇。昨天飞去，今天飞回，一刻喘息之机也没有。昨天下午三点四十于杭州起飞，到乌鲁木齐机场是晚上十点半，今天讲完课顾不得吃饭，就要赶下午两点四十的飞机飞到成都，再坐晚上九点的航班飞回温州，最后，在深夜十二点悄悄潜回家中。坐在飞机上，身体僵硬，眼睛昏昏，飞机径自飞行，没有对话，也不理会。

给新疆的老师上课，我努力安慰自己，这是一趟有意义的飞行。

“那我就多上一节课吧，去一趟不容易。”我主动对组织者说。这样，我要上初中的《老王》，高中的《祝福》，地点是新疆昌吉二中。这是我这一周第五节公开课，没有重复，都要从头想来，而《祝福》，我更是很多年没教了。

我觉得有必要，可是一想到母亲，我就愧疚。

最重要的是，她要是想我怎么办？她要是打我电话我在飞机上接不到怎么办？我开始撒谎了："妈妈，我这两天要在杭州考试，考试的时候我的手机要上交的，都是下午考，考到晚上，你记住啦！"母亲松了口气，说："嗯，我晓得。你好好考，别慌啊。"母亲还是不忘叮嘱我几句，她的摇篮永远不会撤去，我年纪再大也还是要她精心照顾的孩子。我也松了口气，正想说几句温暖的话，母亲又嘀咕了："都特级教师了，怎么还要考试？老师也不好当啊。"我听了，泪湿点点。

我站在昌吉二中的讲台上，被灯光笼罩着，台下，是新疆各地赶来的老师。黑色的身影铺展开来，像一只孤独的飞鸟。我微笑着，他们微笑着。

我上《老王》，那个佝偻的身影，莫名让我想起了刚离去了的老父亲。他也踩过三轮车，吆喝着在大街小巷流着汗水；他也常常送来鸡蛋，抖抖地问我"你还有钱吗"。我上《祝福》，那个白发苍颜、双目失神的女人，怎么也让我想起了家里的老母亲？父亲一走，她同样神情恍惚，同样絮絮叨叨，祥林嫂口中的阿毛换成了母亲口中的老伴，而且也是在迎春之日的新年祝福之中失去了生命的鲜活。这样一想，我更加心紧，更加忧虑。

一下课，我便顾不得疲劳和饥饿疾奔机场，几只黑鸟也一路扑棱棱地追逐着我飞。我打开手机，对着母亲说："妈，我下午还要考试，你放心，我会考好的。我三点钟关机，你照顾好自己啊。"

"放心，我都好！"母亲的声音是沙哑的，却有藏不住的欣慰。

原来，母亲感冒几天了。

我在这个春天出走，也无意地带走了母亲的春天。那么，回家，就在今夜！母亲，当泥土和树木的呼吸渐渐清晰的时候，我编个春天给你！

如果有一天我不在，树在

终于，我能写点文字了。爸爸，我读给你听，我知道你离我不远。

一

如果有一天我不在你身边，
请你抬头看，我的孩子。
茂盛的树荫，
会让你看见我的身躯；
穿过树叶的微风，
会让你听见我的声音。

——姜育恒《如果有一天我不在，树在》

爸爸，我真的开始抬头看了。我想看到那茂盛的树荫，我想听到那穿过树叶的微风，那会是你吗？阳光下，那些高高大大的树都不说话，所有的枝条都主动地下垂着，所有的树叶都自觉地收敛着，在努力陪衬着我的心事。它们就是你吗？细雨中，那些默然安静的树都在悲伤，雨滴滑落成它们的眼泪，微风也不忍拂拭它们的哀愁，它们认真地和我站成一致的怀念。它们就是你吗？

爸爸，抬头看，我真能看到你吗？

小时候，我是必须要抬头才能看到你的。在我的眼里，你高大，你伟岸，你宽阔，你雄壮。其实，你只有一米六的个头儿，却是我要仰视一生的大树。我抬头，高高的树上，你采摘果子，采摘青青的叶子，小心地帮我逮鸟雀，捕捉知了。夏天的阳光刺目地透过树叶的缝隙围住你的身体，落在你大大的帽檐上，落在你汗水淋漓的衣上，也落在你满是微笑和期待的眼里。你怕我急，总是挥挥手，示意我小心点，离远点，别被树上的灰尘迷了眼睛。可是爸爸，我抬头望着你，望着我童年欢乐的寄托，我怎么能站得远远的呢？“留心东西掉下来砸到你。”这时候，阳光会静悄悄地薄去，微风会默默地吹走燥热，这个世界的喧嚣，在父亲的爱面前，都会退让。常常，我吃着你摘的果子忘了你酸疼的手臂，我哄着你逮着的鸟雀忘了你守候的眼睛，我欢快起来撒腿奔跑，你深深的眼睛总会把我拴住，我怎么飞也飞不出你的眼窝。听，“远点，远点……”，你在高高的树上这样说，你在高高的梯子上这样说，你在高高的窗架上这样说。爸爸啊，凡是高处，你从不肯让我去攀爬，你说我是读书人，这些活做不好做不结实，然后你就在自己的腰上系上绳带，慢慢地爬到高处。童年的我，信你的话；少年的我，信你的话；青年的我，还是信你的话；人到中年，我怎么还会如此自然地甚至是慵懒地信你的话！于是，家里所有需要在高处解决的活儿，都是你的活儿。爸爸，你就这样成了家里站在最高处的人。常常，你站得高高的，擦拭着天花板，换下旧窗帘，装上新灯泡……那个身手敏捷、隐忍不语的人，那个一辈子为我遮风挡雨的人，爸爸，不就是你吗？抬头看，你真在高处，憨笑着，挥着手，等待着，头发白了，皱纹多了，脊背弯了，动作迟缓了，可你，还在那高处。

爸爸，抬头看，我真能看到你。

你在高高的井架上，你在高高的矸子山上，你在高高的屋顶上。你是煤矿工人，钻出深井你就来到了高处。你随着一车车的矸子跑到最高处，只等那矸子车倒下满满的废石，就不顾颠簸不顾巨石飞砸，在乱石中翻捡残余的煤块。家里穷，五张嘴，全靠你一人的工资养着。你还要省吃俭用供我们姐弟仨读书，不得不在工作之余带我们去高高的矸子山上捡点煤块卖点零用钱。夏天的阳光毒辣辣地晒在你赤裸的脊背上，冬天的寒风拼着命地割着你的脸，爸爸，你站在高处，还是微笑。每捡一箩筐煤，你就呵呵地笑上一阵子，清风一样，阳光一样。我跟着你，端着簸箕，一点点地爬到高处，我眼尖，看着那夹杂在矸子堆里的煤块就想冲过去，爸爸，你总是拉住我，生怕那飞来的石块砸中我瘦弱的身板，然后，你健步上前，冲向了高处……你从不肯让我在前面，你的身躯要为我挡住每一块意外滚来的石头，你就是我的山，我的树。于我，你不高的身躯就是伟岸；于家，你宽阔的肩膀就是高山。爸爸，我们过去的家小，一间半的平房，三张床一放就只剩逼仄的走道，这样，很多东西就需要装在篮子里用绳子吊在高处。我常常站在高高的篮子下晃荡，你看见了，就会嗔怪几句，然后取下木钩上的篮子，也取来了我童年的欢乐。夏天来了，你总要把衣被平摊在房顶晾晒；冬天来了，你也要将鱼肉晾在最高处。抬头看，真的都是你。你承受的酷热最多，你揽着的风雨最重，你袒露的肩膀最伤，你滴落的汗珠最湿。可是，再苦再累，只要你看到我安稳地伏在小桌子上看书写字，就会流露出欣慰的目光。你站在我的身后，看我写着一行行你不认识的字，听我读着一页页你不明白的文句，你就微笑，望着远处的山，望着天空里的悠悠白云，想着你即将来到的幸福。你的心里自有一个高处，像一株树悄悄地生长，枝条上挂着你的梦想、你的尊严、你的秘密。你望向夕阳的身影，现在想来，竟凝成一片悲怆！爸爸，我不能想的父亲，我望向高处，树叶不说话，云朵径自漂浮，天空依旧孤独，爸爸，我不哭。

这几天，总是下雨，爸爸，你走后。阴湿的天气，家里的墙壁都在淌水，高高的天花板上总会凝聚成一团水汽。妈妈说："不擦的话，会留下明显的水印。你爸在的时候，都是他爬上去擦的。"说完，她叹了口气，又开始幽幽地想你、怨你。我，望着高处，想着年迈的你是怎样一步步地踩上梯子，怎样缓缓地挪动着坐下，又是怎样仰起头歪着脖子努力伸长手臂一点点地擦拭干净的。苍天有眼当怜悯，那高处簇拥的水渍，莫不是你过去的汗珠、你的眼泪吧？这样想着，我就痴痴地望着高处，久久地，久久地。

窗外的树，已经熬过了这个寒冷的冬天。

爸爸，抬起头，我真能看到你。

二

如果有一天我不在你身边，

请你向下看，我的孩子。

繁茂的树根，

会让你看见岁月；

穿过树根往下探，

就能看见祖先。

——姜育恒《如果有一天我不在，树在》

往下看，是你的苦难、你的疼痛，是我的幸福、我的生命。

最深处，你说，距地面七百多米。病床上和我说这数字的时候，你很平静，甚至很怀念。我的手抚摸着你枯瘦的手，我的脸贴近你斑驳的脸，我努力不让那七百米下的黑暗吞噬我内心的愧疚。爸爸，我是你下沉七百米打捞起来才得以摇曳着、生长着的生命啊！林徽因说：“记忆的梗上，谁不有，两三朵娉婷、披着情绪的花，无名地展开。”可是，爸爸，你不说苦痛，不说幽怨，不说黑暗，那反反复复要沉入又升起的七百米，被你叙述得竟然那么平和、温存。

我的生命，是要往下看的，因为你就在那最深处蜷缩着，匍匐着，虫子般地讨着生活。

你是煤矿工人，我是矿工的孩子，你用你黑暗中的摸索和敲凿，点燃我生命的光亮。可是，爸爸，我竟是在你走前才知道你苦痛的深度。三十年，你得往返多少回这黑魆魆的七百米？缆车飞驰而下的瞬间，你怕吗？你慌吗？爸爸，我知道你在深井下劳累着，在那里，你要顶着昏暗的灯光凿啊撬啊，在那里，你累了的时候会被分给两个大大的肉包子……矿井，在我童年、少年的记忆里，多少是带着暖色的，是我努力张望的城堡。就像家附近的那口蓄水池，偶尔你和几个叔叔会跳进去打扫，我就攀到池口望着下面的你，我高喊一声“爸爸”，你应一声“哎”，我再喊一声“爸爸”，你又应一声“哎”，无限的温暖尽在其中。甚至当你从矿井中升出来的时候，还会带上一个大肉包子，在那个贫瘠的年代，爸爸，这是多么热我的眼啊。矿山的警报拉响，你要去上班了，妈妈为你整理好干干净净的矿服，你戴上矿灯帽，脖子间再系上洁白的毛巾，就在我憧憬的眼光中威风凛凛地走向矿井。然后，全家人开始了等待，母亲等待着你的安全归来，而我更牵挂着你饭盒里的肉包子……往下看，才能看到我的愧疚、你的隐忍和挚爱！小时候的我，不懂危险，不懂苦难，那时，矿山附近的农村无限凄惶，野草蔓延间，我们是那让人歆羡的挂红披绿的“树”，矿工的孩子确实是有足够得意的资本的，而这，今天想来，都是拜你三十年的苦痛、你七百米下无法言说的黑暗时光所赐。爸爸，我的爸爸！

往下看，是你的伤痕、你的坚毅、你的柔和。爸爸，我知道你苦，却不知道你的苦是那么的深，那么的重。每天，你洁净素朴地走出家门，那扇小小的木门里，有你一世的担忧和爱恋，有你永远坚忍的动力和支撑。我不知道，那深深的逼仄的巷道里，你是以怎样的姿态钻入、匍匐、行走又拼力奋争着的。我只知道，当我和小伙伴们跳进干净的澡池时，下班后升出井面的你们一团团黑色地走来了，我认不出哪团黑色是我的爸爸，你却向我敞开了黑色的怀抱。起先，矿井的工作餐是一饭盒拌肉的白米饭，你舍不得吃完，总要带回半盒分给我和姐姐们吃。那浸了肉汤的米饭真香，当我们一勺勺抢着将它扒入口中的时候，却从来没想过你在矿井下是怎样忍住饥饿，在掌心吐口唾沫继续用钢钎去开凿那片坚硬的。后来，肉饭换成了肉包子，很大很大的肉包子，很多很多的肉，而且是两个。你吃一个，带回一个。你用饥饿换回了我年少时的欢乐，冬天里你要承受的冷冽、夏日里你要承受的酷热，则都被无知的我稀释到幸福的等待中去了，我甚至忘记了你所做的，是极其危险艰苦的工作。

危险，每年都会有两三个矿工遇难，矿井的礼堂时不时会响起沉重的哀乐，我们也慢慢熟悉了罩在袖间的黑纱套和这凄婉严肃的旋律，也多少懂得了，在那深深的井下，我们的父亲是在用生命为我们攒出希望和光亮。每次去读书，路过那高高的井架时，我都会忍不住眺望上一眼，看那穿过的身影中有没有我那结实坚毅的父亲。夏天的风是热烫的，冬天的冰是硬冷的，蝉拼尽力气在嘶叫，雪漫天彻地在飘落，我们的眼睛，也开始如母亲般望向那巍巍高耸的井架。那光亮的矿灯不再神气，我会想，它的光芒能支撑到父亲钻出黑暗吗？那坚硬的矿帽不再骄傲，我会担忧，它是否能为你顶住碎石的飞落和敲击？那洁白的毛巾不再耀眼，我有了牵挂，它会像妈妈的手那样温柔地擦拭你额上的汗滴吗？七百米，那是多深的恐惧，多深的坚毅，多深的爱恋啊。我深深地看着你的眼睛，爸爸，我懂了。

知道你在深处，不知道那深是七百米；知道你在爱我，不知道你的爱要接壤七百米的黑暗和恐惧。爸爸，你的爱，要深入到七百米，你的爱，要隐匿在黑暗里。没有你的往下，哪有我们的站起。那个苦寒的年代，你下得越深，我们才站得越稳，你蜷成了卑微的虫，我们才得以站成了人。这就是你啊，我的爸爸！

“如果有一天我不在你身边 / 请你向下看，我的孩子 / 繁茂的树根 / 会让你看见岁月 / 穿过树根往下探 / 就能看见祖先……”听着这样的歌唱，我怎能不想到你，想到你那深深黑黑的光阴，想到你那伤痕累累的手掌，当然，也想到你温暖宽阔的肩膀。

矿山通往小镇的沙子路会记得，我是怎样坐在你的肩上，搂住你的额头的。就这样，你负重而行，却心甘情愿一路载笑。其实，有时候我不是走不动，而是特别享受这样的优待。你不驮姐姐，只驮我，像一头骡子，为我摇起了响铃。你怕我倦，就絮絮叨叨地说着你积攒起来的见闻，甚至哼唱着让我暗笑不已的小调，我则像个将军，骑在最忠实的高头大马上，雄赳赳地望着远方。你的故事，你跑调的哼唱，都已碎落在风中，但路边的野花会记得你走过的印痕，路边的溪水会留住你脚下生风的沙沙声。爸爸，我的童年是筑在你的肩上的。往下看，是你稳稳的身板，是你强忍的站姿，是你酸疼的肩膀，是你粗重的喘息，是我不懂事的成长……

我流泪了，阳光很好，晒着所有潮湿的心事，可是爸爸，我不想让这片绚烂蒸发我对你的思念和愧疚。我在生活中失去你，决不能再在记忆中把你丢掉。深是七百米，漫长是数不清的路程，歪歪扭扭，曲曲折折，穿过树根往下探，都是岁月，都是祖先，都是你。

三

如果有一天我不在你身边，
请你往远处看，我的孩子。
安详的田园，
会给我最大的欣慰；
和平的大地，
是我最大的安息。

——姜育恒《如果有一天我不在，树在》

没有了你，所有的地方都是远方。

家门口那张废旧的粉色沙发成了远方。我进进出出的时候，总会不由自主地朝它望一望，良久，当我确定那个常常坐在沙发里安详地晒着太阳的人已经去了远方，我才会怅然地收回我的眼光，继而望向空旷落寞的更远处。树很远，太阳很远，云朵很远，这近在咫尺的旧沙发怎么也那么远了？这张旧沙发，不知是谁家废弃的，父亲觉得好坐，就捡了回来端端正正地摆在屋檐下，再加上自家的小凳子小椅子，阳光好的时候，这里就会聚集好些老人，家就热闹了许多。这沙发，父亲惬意地坐着，若是有比父亲更年长的老人来，那就一定是那位老人坐着。阳光照着整个屋前空地，不锈钢的铁拉门就会亮晶晶的，又折射回一片灿烂，映衬得这个旧沙发一片温暖。几杯香茶热气袅袅，老人们谈天说地唠叨长短，再加上小狗小猫来回钻跑，空旷的家门口俨然温和了起来。这时，父亲会很认真地接着他们的寒暄，很专注地听着所有流淌在阳光下的叙说，瞅着机会就有板有眼地说起昨晚电视里的谈资，哪里地震啦，哪里打仗啦，谁谁被抓啦……父亲眉飞色舞地说着，只等阳光斜到沙发的边侧，所有的老人都疲倦了，沾在父亲眉毛上的光亮才随着父亲的故事一起抖落、遁去。这时，父亲就专心于等待，等待他的孙子拖着书包远远跳来，霸道地挤进他的旧沙发，蜷在他的怀里，父亲的时光瞬时又灿烂了起来。

沙发不会说话，它没有声息地蹲在那里，阳光来了，它揽着阳光，风雨来了，它一样潮了，蔫儿了。现在看它，俨然就是一段被岁月剥蚀的老树墩，所幸还有一方同样衰老的土地接纳了它。若是没有父亲，它恐怕早已被拆卸肢解，或被焚烧成大地的灰烬。它毕竟还是欢天喜地地来到我家，陪着父亲看日升日落，看云起云散，听他叨叨地说着天地万物、琐碎家事，忠实得像一只匍匐的老猫。父亲呢，常常会掸拭它的灰尘，整整它的衣襟，不让它褶皱不让它松弛，然后就将整个身子埋进它的怀里，等着隔壁家的小狗摇着尾巴过来，等着放学的孙儿急猴猴地扑来，也等着，等着我端着笑脸向他走来。

都来了，家就是家了。

父亲的脸上就荡漾起真诚的笑意，眼角尽是满足。小狗不见了，他会站起身来东瞅瞅西瞧瞧。到点孙儿还没出现，他就跑到路口、跑到巷子里，站成移动的老树。他伸着头，四处喊叫着，不介意讶异的眼光，他努力地挥着手，对密集的人流，对空旷的路尽头。一棵树，岁月夺走了它的青葱，风雨吹瘦了它的壮实，它的枝条依旧，或下垂以示忠诚于大地，或高扬为让我们安心——找到他就找到了家。我不在家的时候，总会想着他堆满笑意的面容、他颤巍巍的身躯、他绽露青筋的手臂，还有他那张不离不弃的旧沙发。我的父亲，一定是坐在沙发上，在泼泼洒洒的阳光下，摸出手机一个键一个键地拨我的号码；一定是坐在沙发上，嗅到里间厨房飘出的饭菜香，又摸出手机一个键一个键地拨我的号码；一定是坐在沙发上，望着西边残阳云影迷离，再摸出手机一个键一个键地拨我的号码。“东，啥时回来哦？”“东，吃了吧？天气冷哦。”那拖着长音的问候，很多都是种植在这门口的沙发里、在门后长长的石条上。“东……”我闭上眼睛，沙发好远，声音好远，我睁开眼睛，你在我眼前，声音很清晰……

一切都成了远方，方寸之间已经没有你的漫步，你的奔波，你的沉思，你的念叨。父亲哟，你离不开的地方，是你的家乡，你到达的地方，又是谁的家乡？远方，在何方？我想着，泪水隐约。

可我还是要望向远方，望向你安详的田园、你眷恋的大地。这个冬天，我们吃着你留在田地里的青菜；这个春节，我们咀嚼着你留给我们的最后一片胡萝卜。那绿色，那红色，那清新，那芳香，父亲，都是你的血泪、你的汗滴。母亲说，你留下的最后一片菜叶我们都要咽到肚子里，融到我们的心里、血液里。望着她无比坚定与神圣的表情，我想着你，你在远方，一定也在用这样的庄重亲吻着泥土、侍候着庄稼。晨光下，你荷起锄头，挽起裤腿，恭恭敬敬地走到田园里；晚霞中，你还是站在田里，弯着腰，流着汗，为土地奉上自己最真诚的敬意。你像一个淡泊的自然写手，把平面的、单调的土地整饬成充满立体感和色彩的艺术。锄头为笔，汗滴为墨，黑黝黝的土地为纸，你捋起袖子，高挽裤管，手一挥就是一幅青苗摇曳图，腰一弯就是一轴蔬菜茂盛卷。岁月像蝴蝶飞过，你的田地却永远青翠葱茏。

我在那颓落的墙角找不到你，我在那亮堂的阳台找不到你，门前门后，你的身影恍惚又无法攫住。那么父亲，你是在远方了吗？那里，有高高的井架、深深的巷道吗？那里，有长长的沙路、弯弯的溪水吗？那里，你的田地上还立着锃亮的锄头，那里，你还坐在沙发中搜寻你穿越千山万水也要揽入怀中的爱吗？告诉我，飘落在坟头的花瓣、草籽、松针和泪水，最后会被春风吹送给遥远的你吗？安详的田园，和平的大地，你在那里，忧虑，眺望，等待。

我望向远方，我们也终究会在远方重逢。

四

我知道你离我不远，
我可以感觉到你。
当你的眼神穿越我，
我知道你离我不远。
我可以知道是你，
当你的呼吸轻轻传送，
我感觉有风。

——陈楚生《我知道你离我不远》

你躺在病床上，等候着那个世界的召唤。

我喊你，你竟然睁开眼睛，回应得很高很高。姐姐们，都怨你偏心。

你要走的前一天早晨，孙儿走到你床前，你浑浊地说："六六啊，好好读书。"你说给男孩的最后一句话，却不像呻吟时那么断断续续。老母亲一想起来，就热泪滚落，也怨你偏心。

热爱挽留不住你的时候，我们就埋怨，就唠叨。以为有什么要让你反思的，你就会留在大地上再生长你的叶、摇晃你的枝。可是，你拼尽最后一点力气在那个黑夜的深处凄叹一声后，还是走了，从此，这个世界上，再也没有一个叫父亲的人，白发飘飘，把我引向老年。

你离去的那天，是我的生日。硬撑着在这个日子完成生命的交接，父亲，你是怕我忘了你吗？

可是怎么会忘记你呢？许多人路过我的生活，只有你走进我的生命。怎么会忘记你呢？生与死，如此美妙、如此心痛地契合在同一个时刻！新鲜的来临，衰残的离去，起点与终点，微笑与眼泪，就这样凝固成不可分离的结，生之结，死之系，父子生命连心之缘。原来，这世间的树真是这样的，根可以老至无限，叶却永远绿意如新。"未知生，焉知死"，孔子谓之。

这样，我开始嗅到你轻如风的呼吸，我可以知道是你。

"东啊——东啊——"

我望向回忆的路，那里，有你。

我望向未来的路，那里，也有你。

我知道你离我不远，深山大泽，朝烟夕岚，行遍天涯，有你，就是家乡。

那个地方，就是远方，是我们必然要重逢的地方。

那里，有黑色的矿井，有漫天的雪花，有痛心的田园，有寂寞的沙发。那里，有一棵树，树下，我们依然在歌唱，在张望——

父亲，你不在，树在！

后记

我们的故事，我们的姿态

那一天，把自己的书稿整理完毕，就特意把它们都打印出来，然后铺在我的书房里。文章一页页地衔接着，回回环环地绕成连续不断的大圈小圈，像树的年轮，像河流的旋涡，像时钟滴滴答答的指针，像我的父亲和我的孩子的眼睛。我看着看着，突然感动了起来，就站进了最中心，我也成了一个字，和这本书上所有的语言一起律动。阳光照了进来，树开始了生长，河开始了流淌，时钟却往回拨，我的眼里印上了我的孩子、我的父亲，故事缓缓地叙述，姿态，又回到了美好。

一

想将所有的文字都写得简单，清洁，我得让父亲听得懂。

他躺在老家的大山上，融进了那片土地，那片涂满他的脚印和目光的土地。青翠的山，高高的树，风可以自由自在地穿梭在每个绿色的角落，抬头，透过树与树的缝隙，可以看见金色的阳光和悠悠飘过的片片白云。父亲最爱这样的地方，那里散发着山林的气息，土地在远方静默，流水唱着思恋的歌，稻田袒露着柔软的臂弯，绿意起伏间，黄牛跟着戴草帽的农夫，小船一样地行走在绿波里。父亲弯腰佝背，钻进黑魆魆的煤矿深井，钻进层叠的地质年代，逼仄着身子，紧缩自己，探凿着大地最深刻的内心。父亲弯腰佝背，站在家附近的菜园里，挥挥锄头，望望蓝天，用土地色的干枯手掌，轻轻地拂过每一张渴望的菜叶。父亲凿着，挖着，流着汗，淌着光阴，直至把我种植成树。看我长出点绿色，能承担点风雨了，他就在一个深夜里很安心地走向了他的大山。渐渐隐没的身影，拖着一缕暮色，沉沉地归于宁静。怕我一次次地催他喊他，就索性化成泥土，滋养山林。一年过去，他的四周，长满了萋萋绿草，野花点点簇拥，你根本分辨不出哪一株哪一朵是他。拽不住他的发须，扯不到他的衣襟了，他这才舒展着，无忧地听着小鸟于黄昏中自在地歌唱，等待着风吹叶落，看着村里的灯一盏一盏地熄灭，看着阳光重新抚摸上稻穗……

想他了，我就带着我的文章坐在他走过的山路上，坐在他栽种的树下，就像小时候贪恋他的肩头。山鸟啁啾，风中树叶沙沙，我开始读我的文字，我觉得他喜欢听，他能听懂。

我读六六写给他的信："爷爷，我想你了，期末考试我全部考了满分！"这时，树上的叶子会摩挲出欢喜的歌声，阳光也会兴奋地四处闪耀。我读母亲哭给他的埋怨："你怎么说走就走了呢？家里那么多好吃的东西等着你吃，你那坛子酒，谁舍得喝？"对面的山脊上，太阳渐渐沉落，像一只瓢虫顺着树枝慢悠悠地往下爬。溪水哽咽着流过，暮色中，我听到了一声声呼唤，好像是他的，好像是母亲的，等我痴痴地望向远方，就只有炊烟，小路隐没了，青青离草上，晚霞渐渐黯淡。我怕他伤心，更怕自己忧伤，便开始讲起我的语文，我的课堂。我说我刚上了一节很有趣的课，学生们举起的手臂像他菜地里的青葱，我说我去了遥远的山区送教，就像他将一把把种子挥洒在偏僻贫瘠的旮旯。父亲哦，你总能种出绿色来，那些茂盛在墙隅里的油菜花，还在痴痴地等待你一点一点抚正因思念而婆娑的背影。我讲着讲着，忘却了忧伤，不见了落寞，风停止了吹拂，偶尔几片叶子飘落，树和草，或站立，或匍匐，它们都在倾听，也都在诉说。我们讲着生命，讲着泥土，讲着来临和离去，讲着铭记和遗忘……父亲却不插话，只是认真地听，不像以前那样啥事都要和人争个清楚。遥远的，附近的，天上的，地里的，说暗了星星，说跑了懒猫，他才慢悠悠地骄傲地躺回到他的旧色床上。他很认真地听我们的对话，偶尔借山的气息和草间的窸窣来传递他的呼吸。我们就这样交流着，时间慢慢流过根系，姿态美好！

太阳真的要沉入山谷里了，我拍去裤下的尘土，轻轻抖落肩上的落叶，起身，向父亲告别。我不能带走他的土、他的叶，那是他的文字，他要用这样的语言符号摸索着回家的路途，那里绽开的一株小花、生长的一棵野草、刮过的一阵微风，都是他存在的方式。父亲的岁月是一本书，他会用煤炭的黑色做书的封面，翻开，你会摸到高山、大地、村落、老屋、整齐的菜地、纵横的沟壑，你会摸到阳光下晶莹的汗珠、风雨中飘飞的发须、黑夜里孤独的叹息，还有眼泪、忧伤和思念……

回去的路上，我无数次遇到父亲往日的姿态：一棵老树佝偻着身躯站在路旁，一簇野草匍匐在干枯的田埂边，一只小虫卑微地在土路上爬行，田间的流水艰难地流向不知名的远方，飞累的鸟栖息在沉默的屋檐上……

最苦痛，最坚韧，最不能熄灭的爱。

我觉得父亲没走，父亲还在。

二

儿子蹲在家附近的菜畦旁，低头拨弄着土块，阳光斑驳，他，很瘦小。

他在看着什么，我不清楚，我喜欢他这样的认真与专注。小虫子爬进黑土的缝隙间，蚯蚓自在地阅读着土壤，种子等待着一缕微风，枯叶在酝酿下一个春天的梦想……总有一些五彩斑斓的诗，在等着他。菜园里泥土的气息蒸腾起来，将若隐若现的清香吹向空中。少年坐在时光流年的拐角处，单薄的身影涂满阳光。

孩子的世界，怎么会有那么多无关紧要的欢喜与忧伤！

他靠在树上，看露珠滚落，绿叶上的晶莹倏然消失，他忧伤；他站在夜幕下，最亮的那颗星星突然失去了踪迹，他忧伤；他奔跑在原野上，高高飞起的风筝不听指使地坠落，风不再为他鼓劲儿，他忧伤；群鸟啁啾着飞向远方，没有落在他等待的枝头，他忧伤；大树在早晨醒来，花朵却悄悄地在夜晚离去，他忧伤。他很认真地忧伤，也很自然地欢喜。他垒起的沙丘城堡里，蚂蚁终于不再迷路，找到了它们的同伴。风从远处吹来，蒲公英扬起了它们白色的梦想，在空中自由地飞舞。等待的泉水终于汇聚成流，小小的纸船开始了远航。豆芽长高了，孤独的小鱼找到了妈妈，小飞机轻盈地飞上了瓦背，金黄的雏菊在九月安静的田埂边开放，月亮明白了他的心思，把温暖传达给每一盏灯，还有，可以将整整一个下午的时光献给那一堆簇拥的童话书……我看见了他的欢喜，写在脸上是阳光，藏在眼里如明月。这个世界，在他的心里，都是沉甸甸的暖，都是亮晶晶的爱。不论忧伤还是欢喜，我们都会感动于一双纯真眼眸里泛起的澄澈。

他，用诗歌的姿态解读童真的世界。他为掉下的牙写诗："爸爸，我的牙齿掉了，你看，夜空中最亮的那颗星，就是它。"他为孤独的树写诗："看，那里一棵树。它在等它想念的一个人。"他为街口高悬的路灯写诗："一盏灯，亮着，它是怕我们害怕。"下雨了，他说是云朵思念太阳了。台风过境，他望着空旷的大路，说风把路吹平了。他把黑夜想成软软的被子，要温暖小草美美的梦。树林里，不时传来鸟鸣声，他坚持用"青翠"而不是"清脆"来形容，他要让小鸟唤醒森林里沉睡的绿意。他不惜脏了鞋子也要走进泥泞，为自己的梦想搭建一座小木屋。你"有着天地间最健全的心眼"，你就是丰子恺笔下那个世间"彻底真实而纯洁"的人吧？世界，能维护住你这样美好的爱与纯吗？

我甚至不希望他长大。我喜欢这样的姿态。

"风吹雨成花，时间追不上白马，你年少掌心的梦话，依然紧握着吗？"黑白琴键上，流淌着他最爱的钢琴曲。他轻轻淡淡地告诉我是《时间煮雨》，那个"煮"字，是否让他懂得了时间流逝的残酷？雨水堆积出新的泥土，断层处高高叠起新的河岸，星星总要坠去，流水永不回头，新的花开在河岸上，我的文字里，还有沉重和酸疼，我们能否永远这样肆无忌惮地欢喜与忧伤？

我这样想着，他这样长着。墙角下的蝈蝈，把忧伤叫得失眠，我的孩子，渐渐懂得了孤独，懂得了思念。

他说了很多的心事给菜畦，他踩下很多的惦念给土地。那锄地流汗的人不在了，那等他成树的人隐匿了，温存慈爱的气息渗进了黑土的罅隙，沾上每一张因思念而瘦的绿叶。儿子细细地翻捡着，抚摩着，诉说着，然后，起身，依旧清澈地望向遥远的天际……

我听见那首《天空之城》在飘荡："谁在遥远的天空，等飞过的流星／看它照亮谁的路，谁走入了谁梦中／谁用灿烂的笑容，画天边的彩虹／谁的歌，谁轻唱，谁在听，温柔的心在跳动……"

阳光碎了，孤独而简单的孩子，却永远赞美着这个世界。

三

一条路，我站在中间，父亲沉默在后头，儿子奔跑在前方。

我想伸出手拉住他们，宽厚的粗糙的手，瘦小的稚嫩的手。父亲留给我时间的皱纹和回忆，儿子留给我生命的蓬勃和憧憬，父亲用混浊的眼睛送我出发，儿子用澄澈的双眸示意我松手，他们，不约而同地选择了离开，一个是回归，一个是飞翔。仿佛山间的河，父亲是源头沉思的岩石，儿子是最远处不羁的奔流。既要瞩望那童真的出发是否在我的视线里，又决然不舍熄灭追溯的火炬，我迂回其间，思绪双向无限延长。

手拽不住的地方，思念永生。眼望不到的边际，希望永远。

一朵花开了，一枚叶落了。传承的果实在枝头痛着，哭着，幸福着，思想着。

而当所有的思绪铺展成文，我突然发现，教育的姿态其实就是生活的姿态，这个世界，所有爱的姿态，都在成就我们的幸福和美好。像他们一样爱着土地，像他们一样勤勉地耕耘，像他们一样深刻地敲击，像他们一样宁静地拥抱，父亲是一棵树，站立或者摇晃，佝偻或者倒下，生命的解读始终蕴含着赤诚与博爱。像他们一样痴痴地望着天空，像他们一样纯净地守望好奇，像他们一样清澈又孤独，像他们一样怀疑又热爱，孩子是一只鸟，飞过清亮亮的小河，飞过可以捞星星的湖泊，生命的风雨永远不能阻挡他们梦想的翅膀。我想着他们，爱着他们，空旷中，我伸开双臂，当我觉得自己是一只鸟的时候，我站立的地方，已是枝繁叶茂的森林。更多的人用这样的姿态与我连成一片，亲人的，师长的，朋友的，阳光挤进枝叶的缝隙，心，辽阔无边……

这些有爱的人，他们，有着父亲一般的慈爱，有着孩子一般的天真；他们，也在壁垒的夹缝中放牧，也在曲折的沟壑间穿梭；苍岩与卵石之间，他们缓缓地行进，执意送我走向远方。他们容我孤独，让我能思考天地万物与教育生活；他们许我狂妄，却在最坎坷的地方静候成灯；他们不言帮助，我无法抵达的时候拐角处总有他们的手臂；他们给我温暖，我自得闪耀的时候，他们却黯淡了光亮。很多的时候，我不懂他们，我总以为，我的世界，是我点亮的。他们，不声张，不解释，不退却，还和我走着同一条路，用他们的姿态，引导我，不误韶华。

里尔克说：“你所看见和感受到的，你所喜爱和理解的，全是你正穿越的风景。”岁月，如此美好。

是的，在人生最需要对自己做出过滤与塑造的辰光，我被这样朴实与真诚的姿态所感动，我适时地告别了懒惰、卑劣、虚荣与狂妄，痛并无比欣然地从狭窄走向阔朗，从迷蒙走向清明。我与自我斗争，又与这世界的浮躁与功利对峙，我摇摇晃晃又努力干干净净地走向我的大地、我的天空，走向那个无数次被雕刻、被期待的自己。

教师是成人世界派往儿童世界的文化使者。这样，注定我们的姿态，既有父辈的谦卑宽厚、坚韧挚爱，又有孩子的纯真明亮、灵动轻盈。我们站在昨天和明天之间，站在现实和未来之间，站在知识和智慧之间，站在书本和世界之间，站在文化和思考之间，引领着，传承着，思辨着。一路上，那些疼痛的磕磕绊绊，那些撕裂的点点滴滴，那些微笑的丝丝缕缕，花瓣般散成片段，落成记忆，凝成姿态。我们的故事，闪烁如萤。

佩索阿说："写下就是永恒。"我不求永恒，只愿清浅美好。写下我的姿态，我用美好感激所有。

这一刻，阳光依然照耀，树微笑着生长，河歌唱着流淌，时钟滴答着叩向前方。

父亲，我读给你听；孩子，我听你读；所有有爱的人，我们一起行进。

就这样，以最美好的姿态，怀念，热爱！

献给你们！

肖培东

2017 年 10 月于永嘉楠溪江畔